国学国艺必读丛书

道德经全集

册三

北京联合出版公司

〔生命智慧　蕴藉无穷〕

第四十七章

题解 老子在本章谈到了感性认识和理性认识的问题。在老子看来，人们看到的东西不一定是真实的东西，看到的东西越多可能懂得的道理会越少。所谓的『圣人』应该是洞彻宇宙人生，掌握万事万物变化规律的人，只有这样的人才能够真正做到所谓的『不见而明，不为而成』。我们可以从中看到，这种『圣人』认识事物的方式实际上是一种理性认识，普通人认识事物凭借的是一种以经验为基础的感性认识，而感性认识的增加很可能遮蔽了事物的本来面目，所以老子认为，只有抓住事物的本质规律，才能参透天地万物的奥妙与玄机。

原文 **不出户，知天下；不窥牖①，见天道②。**〇唐玄宗《御注道德真经》：垂拱无为，不出教令于户外，是知治天下之道，人事和则天象顺，故不烦窥牖而天道可知。〇王夫之《老子衍》：章安曰：出户则离此而有知，窥牖则即彼而有见。**其出弥远，其知弥少③。**〇河上公《老子章句》：谓去其家观人家，去其身观人身，所观益远，所见益少也。〇王弼《道德真经注》：无在于一而求之于众也，道视之不可见，听之不可闻，搏之不可得，如其知之，不须出户，若其不知，出愈远愈迷也。**是以圣人不行而知④，不见而明⑤，不为而成⑥。**〇王夫之《老子衍》：道盈于向背之间。有所向，斯有所背矣。无所向，无所背，可名之中。乃使人贸贸然终日求中而不得，为天下笑。无已，姑试而反之。反非中也，而渐见其际。有数乎，如光之投隙；

诸葛亮

诸葛亮二十七岁时，身在隆中茅庐，却向刘备精辟地分析了当时的形势，提出了天下三分的构想。可谓『不行而知，不见而明，不为而成。』

刘玄德三顾茅庐

刘备寻访天下名士，三次去草庐寻访诸葛亮，两次未果，最终两人一见如故。孔明助刘备成就一代伟业，君臣之情也为后世称道。

有约乎，如丝之就络。物授我知而我不勤，乃知昔之逐亡子而追奔马者，劳而愚矣。非然，则天下岂有『不行而知，不见而名，不为而成』者哉？

注释 ①不窥牖：窥，从小孔隙里看。牖，窗户。②天道：指自然万物发展变化的规律。③其出弥远，其知弥少：有人走出去越远，他知道的东西就越少。出，指走出门外。弥，越、愈。④不行而知：不用亲自出去经历就能知道。行，出行、出门走动，也指行动、实践。⑤不见而明：不必亲自观察事物就能明了。⑥不为而成：不挖空心思去有所作为却能成就大事。不为，就是无为、不妄为。

譯文 足不出户，就能够通晓天下的事理；不望窗外，就可以了解自然的规律。很多人向外走得越远，他所知道的道理反而越少。因此，有道的圣人不出行却能够知晓外面的情况，不观察而能明了天道，不盲目行动就可以获得大的成功。

讀解心得 老子的『道』实际上是一种理性认识，所以老子才会认为一个人如果能够懂得『道』，那么就可以『不出户而知天下』。古时候的读书人有『两耳不闻窗外事，一心只读圣贤书』的说法，恐怕也是因为他们觉得理性认识高于感性认识吧。老子认为，只要认识了『道』以后，即使没有感性认识的积累也可以获得理性的认识，有了『道』这个最高的理性认识，就可以指导自己的任何行动。

现代社会，人们接触到各种各样的信息，每天通过报纸、杂志、电视、广播、互联网等现代传媒技术获得大量的信息，这些信息实际上相当于感性认识。人类的大脑通过整合、思考这些信息而得到理性的认识，指导实践。信息化时代的到来使得人们每天醒来后会接收到铺天盖地的信息，对于这些信息的真伪人们似乎已经无力辨别了。很多人开始无奈地接受来自四面八方的信息，因为大脑处理不过来，所以无法转变成理性认识，人们变得越来越迷茫了。如果仔细思索不难发现，我们距离生命的本真，似乎渐行渐远，就像老子所说的『其出弥远，其知弥少』。生命的充裕不是仅仅靠知识来堆积，而是靠一定的感性认识和更多的生命感悟。生命的过程不仅仅只是加法，更多的时候是要做减法的，放下一些包袱我们才能走得更远。

老子理想中的圣人能够『不行而知，不见而明，不为而成』，那么这种人就是有了『道』这个最高的理性认识，并能够见微知著，睹始知终了。一个人一生的活动范围是非常有限的，如果每个人都以自己的亲身经历来发展自己的话，那么这个社会的发展就无从谈起了。

认识了『道』的人不仅能够知近，也能知远；不仅能够知小，也能知大；不仅能够知事物的表面，也能知事物的本质；不仅能够知事物的局部，也能知事物的全貌。小河难以看到大海的容量，小鸟难以看到鲲鹏的气度，一般人难以理解圣人的认知。老子也没有要求所有人都成为圣人，只是提供了圣人对外部世界的一种观察和思考的方式。另外老子对理性认识和感性认识的这种认知也和他自身的经历分不开。老子曾在东周国都洛邑（今河南洛阳）任守藏史（相当于国家图书馆馆长）。老子博学多才，传说孔子曾向其问过『礼』。所以可以说老子是一个理性认识非常丰富的人。正是由于他博览群书，能见普通人所未见，才能用短短五千言说遍人间万象，道遍古今短长。

若是想获得理性的认识，最好的办法其实是读历史。中国历代王朝都有修史的传统，修史的目的是为统治者记述前朝的得失，以作为现在行为的借鉴。如果人类社会没有历史，恐怕我们只能不断重复前一个时代所做过的事情，不能进步了。所以唐太宗说：『以铜为镜，可以正衣冠；以史为镜，可以知兴替；以人为镜，可以知得失。』

人生于天地之间，如果想真切地认识这个世界，那么就应该淡化过多的见、闻等感性认识，而去强化现代社会中已经缺失的理性思考，通过对表象进行深入地思考，从而达到认识本质掌握规律的目的。所谓『见一叶落而知秋之将至』，『审堂下之阴，而知日月之行、阴阳之变』，就是指这种情况。所以佛说：『一切有为法，如梦幻泡影，如露亦如电，应作如是观。』

經典事例

未出茅庐知天下

三国时期的诸葛亮在辅佐刘备之前，亲自在隆中耕田种地。他喜欢吟唱《梁父吟》，常把自己跟管仲、乐毅相比，当时没有谁真正认识到他的才能，只有颍川的徐庶跟他交情很好，深知他的才干。

当时刘备在新野驻军。徐庶到刘备麾下，为他出谋划策，刘备非常器重他。徐庶极力向刘备推荐诸葛亮，并说像他这样的人必须由刘备亲自去请。

刘备带着关羽、张飞去拜访诸葛亮。诸葛亮知道刘备要来拜访他，所以故意躲开。刘备到隆中扑了个空。但他依然没有放弃，前后共去了三次，诸葛亮终于被他的诚意打动，就在自己居住的草屋里与刘备详谈。

刘备叫旁边的人回避，对诸葛亮说：『如今汉朝的天下分崩离析，奸臣当道，窃取大权，天子逃难出奔。我自不量力，想要在这个时候伸张大义，可是自己的目光浅短、能力有限，因此屡屡失败。但我的志向从来没有丧失，先生认为我应该采取怎样的计策呢？』

诸葛亮回答道：『自从国贼董卓篡权以来，各路诸侯纷纷起兵，占据几个州郡的队伍数不胜数。与袁绍相比，曹操的名声小，兵力也少，但是曹操之所以能够战胜袁绍，由弱变强，不仅是因为时机好，也是因为曹操谋略得当。如今曹操已拥有大军百万，挟持天子来号令诸侯，的确不能和他争雄。孙权一直占据着江东，已历经三代。那里不但地势险要，而且民众归附，凡是有才能的人都被他重用，所以对于孙权这方面，只能与他结为外援，而不可轻易谋取他。刘表所在的荆州的北面控制汉水和沔水，一直到南海的物资都可以得到，东面直通会稽郡和吴郡，西边连接着巴、蜀二郡，这是兵家必争之地，但是刘表不能守住，这地方大概是上天赐予将军的，将军您现在难道没有夺取它的意思吗？益州关塞险固，土地广阔肥沃，是个自然条件优越，物产丰富，形势险要的地方，当年汉高祖就是凭着这个地方成就帝业的。益州牧刘璋懦弱昏庸，张鲁在北面占据着汉中地区，他那里百姓富裕、国家强盛，但他不懂得爱惜人民。当今天下，有才能的人都想遇到贤明的君主。将军您既然是汉室宗亲，威信和贤德自然闻名天下。如今您广泛地招揽天下英雄，求贤若渴。如果占据了荆州、益州，凭借这两地险要的地势，向西可以和各族和好，南面可以安抚各族，对外与孙权结成联盟，对内改革国家政治；天下的形势如果发生变化，就可以派一名上将军率领荆州的部队向南阳、洛阳进兵，将军您如果亲自率领益州的军队出征秦川，那么老百姓谁敢不用箪盛着美食，用壶装着美酒来迎接他们所拥戴的将军您的部队呢？如果真的能够做到这样，那么您就可以复兴汉室、成就霸业了。』

刘备听了不禁暗自赞叹：诸葛亮不出茅庐，竟然对天下大事了如指掌，实在是个奇才！从此，刘备与诸葛亮的情谊更加深厚了。

后来，诸葛亮出山辅佐刘备建立了蜀国，而之前这段『隆中对策』更是为后人所津津乐道。

老子所说的『不出户，知天下；不窥牖，见天道』，对于常人来说，是很难做到的。而诸葛亮则能深居草庐而熟知天下大势，不失为智者的典范。当然，真实的诸葛亮不可能脱离具体实践而获得对于天下形势的理性认识，但他对于外界的考察非常隐秘，以至于很多人把他看成是神一样的人。其实，相对于老子所说的『不行而知』的圣人，诸葛亮的『不行』是相对的，因此也更容易得到人们的效法。

第四十八章

题解 本章接续了上一章的论述。老子在这一章里论述了『为学』和『为道』的区别。『为学』就是索求外在的经验知识，老子认为这种知识掌握得越多，私欲妄见也就层出不穷。『为道』是透过直观体悟的方式以把握事物本来的状态或自我内心体悟，它不断地除去人们的私欲妄见，使人日渐返璞归真，最终可以达到『无为』的境界。

原文 **为学日益①，为道日损②。**〇王弼《道德真经注》：务欲进其所能，益其所习。务欲反虚无也。〇王夫之《老子衍》：损于有者，益于无。去其所取，全其未有取。未有取，则未有失。故宾百为，而天下来宾。犹且詹詹然以前识之得为墨守，则日见益而所失者积矣。**损之又损，以至于无为。无为而无不为。**〇河上公《老子章句》：（损之者），损情欲也。又损之（者），所以渐去（之也）。当恬淡如婴儿，无所造为也。情欲断绝，德于道合，则无所不施，无所不为也。〇王弼《道德真经注》：有为则有所失，故无为乃无所不为也。**取天下常以无事③，及有其事④，不足以取天下。**〇王夫之《老子衍》：天下不可取，繇天下之与我谓之取尔。故月取明于日，明日生而真月日死。安能舍此无尽藏，以取恩于天下之耳目哉？夫天下无穷，取者恩而失者怨，取者得而失者丧，此上礼之不免于攘臂，而致数舆之无舆也。

注释 ①为学日益：学，指的是政教礼乐之类的学问，范围较窄。为学，即指对仁义圣智礼法等东西的追求。日益，一天比一天增加。②为道日损：为道，这里是指通

韦编三绝

孔子晚年喜欢读《易》，翻来覆去地阅读，以至于连穿竹简的皮条都断了多次。

歧路亡羊

寻求真理也与这些在岔路口寻找羊的人一样，一旦迷失了方向，就只能是无功而返。

过冥想或体验以领悟事物未分化状态的『道』，这里的『道』指自然之『道』、无为之『道』。日损，指所能学到的知识会日益减少。③取天下常以无事：治理天下常常是用清静无为的方法。取，治理、掌握。常，经常。以，介词，用。无事，亦即清静无为。④有其事：也就是有为，指政治措施繁多严苛。

譯文 研究一般性质的学问，所学的知识会越来越多；而研究『道』的学问，所学的知识会越来越少。逐渐地减少以后，最后就到了道法自然的『无为』境界。如果能够做到不盲目行动，那么任何事情都可以有所作为。治理天下，最好是用清静无为的方式，这样就可以对万事万物都有所作为了。如果经常采取繁杂的措施治理，那么就不能够拥有天下了。

讀解心得 现代人受到进化论思想的深刻影响觉得任何事物都应该是越发展越高级的，可是我们仔细思考一下就不难发现实际情况并不是这样。比如说学习知识，我们每天可以学习大量的知识，但是随着时间的流逝我们会忘掉很大一部分，最终我们所学的知识会凝结成一种人生的沉淀伴随我们一生。这『凝结的沉淀』实际上就是老子所说的『道』。所以老子说『为学日益，为道日损』。

学习任何事物的高级阶段应该是『把书读薄』，这样最后可能达到『无书可读』的状态，这就是老子所说的『无为』境界。这种『无书可读』并不是狂妄自大，而是真正读懂了书，读透了书。我们看古今中外的思想著作几乎没有什么大部头，从老子的

《道德经》到孔子的《论语》，从柏拉图的《理想国》到马可·奥勒留的《沉思录》，这些书里边都用言简意赅的语言揭示了人世间的种种道理。

中国的禅宗中有禅师把佛经烧火用来取暖的故事，还有禅师亵渎佛像的故事，这些故事中的主人公真正地领悟了『道』的真谛而不仅仅停留于表面。『道』只有升华为理性认识才能最大程度上发挥它的作用。

老子的『无为』通常会被人理解成『什么都不做』，其实这样理解恰恰是大大地误解了老子的本意。我们看老子的一生，他也不是什么都不做的人，他是一个性格鲜明、有史可查的人。老子的『无为』实际上既是一种境界更是一种策略。说它是一种境界意思是说『无为』是脱离了感性认识上升到理性认识的一种状态，是『损之又损』之后的一种结果。说它是一种策略意思是说『无为』是人们在有所作为之前的一种保存实力的方法。老子认为，大到治国小到为人处世，过多地采取措施有时候会产生相反的效果。所以在老子这里，静能胜动，寒能胜热，无能胜有。

汉代有『萧规曹随』的故事，讲的就是汉初名相萧何为刘邦制定下很完备的政策和法规，萧何死后，曹参担任丞相，他完全执行萧何的法规制度。汉惠帝不满，问曹参为什么自己没有建树。曹参认为以前的法规很好所以照办就是。汉初流行黄老哲学，何况萧何制定的政策法规到了曹参的时候仍然适用，那么也就大可不必徒劳地重新制定那些规章制度了。可见，『无所为』是正是为了『有所为』，有时候『无所为』本身正是一种『有所为』。如果我们能深刻了解『无为』的妙处，我们自然能获得更大的成功。

经典事例

歧路亡羊

《列子·说符》中有一则『歧路亡羊』的寓言。

一天，杨子的邻居牧羊归来，迎面遇到了急驰而来的车马，羊群受惊而四散奔逃。等车马过去之后，那个人把羊唤回，赶回家中。他经过清点之后发现少了一只羊，于是立即动员全家人，并请杨子的仆人一起去找羊。杨子不以为然地说：『只不过丢一只羊，何必要兴师动众，派这么多人去找呢？』邻居说：『这里山野、田间的岔路特别多，人少了怕分派不过来。』杨子觉得这话有道理，就没有再说什么。他目送着找羊的人出了村口。

那个邻居带领大家先沿着赶羊回来时经过的大路走，一遇到岔路口就分派人沿岔路去寻找。没过多长时间，他带去的人全部被分派完了，只剩下他一个人走大路。可是走了没多远，面前又出现了岔路。他站在岔路口不知如何是好，焦急之中任选了其中一条继续前行。走着走着，前面又出现了岔路。那个人无可奈何，他看到天色已晚，只好往回返。回来的途中碰到了其他找羊的人，他们也说自己遇到过同样的难题。

杨子正在家吃晚饭，忽然听见屋外有嘈杂的说话声，他知道找羊的人回来了。他出门去问那个邻居：『你们找到羊了吗？』邻人答道：『羊跑丢了。』杨子又问：『你带了那么多人去找，怎么会找不到呢？』邻居说：『我先前只知道大路上有岔路，因此出发时多带了几个人。可是万万没想到，岔路上还有岔路。最后只剩下一个人面对几条岔路的时候，我真是不知所措。』

杨子听了邻居的话，有些闷闷不乐。杨子的门徒看他眉头紧锁、一言不发，觉得很奇怪，于是不解地问：『羊算不上什么值钱的牲畜，再说又不是先生您的，您这样闷闷不乐，到底是为什么呢？』杨子长叹一声，说道：『我并不是因为丢了一只羊而惋惜。从这件事上，我联想到寻求真理也与这些在岔路口寻找羊的人一样，一旦迷失了方向，就会无功而返啊。』

杨子所说的真理，指的就是『道』；而邻居找羊的方法，是世俗之学。以世俗的方法去探求真理，必然会使人感到迷惑。这正是道家宗师老子、庄子、列子的共识。

第四十九章

【题解】这一章阐述了老子的爱民之道，这也是老子重要的政治理想之一。文中所谓的『圣人』，实际上就是老子心目当中理想的统治者。

按照老子的设想，统治者和老百姓都应该是质朴无华的人。统治者没有自己的私心杂念，而是把百姓的意愿作为自己的意愿，即所谓『圣人常无心，以百姓心为心』。『圣人』对待任何人的态度都是一样的，不夹杂任何的成见。在这样的统治之下，老百姓又回到了婴儿的淳朴状态。

然而理想毕竟只是理想，而且这种理想几乎不可能实现。但是，我们如果从社会历史的发展角度来看待这个问题，不难看到，在老子生活的春秋时代能够有这样的设想已经非常难得了。我们从本章言简意赅的叙述中也可以看到后来孟子所提出的『民贵君轻』思想的雏形。

【原文】**圣人无常心①，以百姓心为心。**〇河上公《老子章句》：圣人重改更，贵因循，若自无心。百姓心之所便，圣人因而从之。〇王弼《道德真经注》：动常因也。

善者，吾善之；不善者，吾亦善之，德善②。信者③，吾信之；不信者，吾亦信之，德信④。〇王弼《道德真经注》：各因其用则善不失也。无弃人也。〇唐玄宗《御注道德真经》：欲善信者，吾因而善信之。不善信者，吾亦以善信教之，令百姓感吾德而善信之。**圣人在天下，歙歙焉⑤，为天下浑其心⑥，**〇河上公《老子章句》：圣人在天下怵怵常恐怖，富贵不敢骄奢。言圣人为天下百姓混浊其心，若愚闇不通也。〇明太祖《御注道德真经》：又谓君天下者心志不定，虑生妄为，则民人效之。人皆亦然。**百姓皆注其耳目，圣人皆孩之⑦。**〇河上公《老子章句》：注，用也。百姓皆用其耳目为圣人视听也。圣人爱念百姓如婴孩赤子，长养之而不责望其报。〇陈致虚《道德经转语偈》：百姓之心为我心，分明说了莫沉吟。世人怎识和山鼓，一下能当几挺金。

注释 ①无常心：没有普通人的私心。②德善：整个时代的品德归于善良。德，指整个时代的品德。③信者：诚实的人。④德信：整个时代的品德归于诚实。⑤歙歙：指统治者使天下人都收敛自己的意志。歙，即合、收敛的意思。⑥浑其心：使人的心思归于混沌、纯朴。⑦圣人皆孩之：有道的人应当使老百姓都回复到婴孩般的真纯状态。孩，名词作动词用，他……像孩子一样。

译文 圣人没有普通人的私心，他们总是把百姓的想法作为自己的想法。他们用善良的心去对待善良的人，他们对待不善良的人也用善良的心去对待。这样做，整个时代的风气就会向善。他们对值得信任的人很相信，对不讲信用的人也很相信，这样这个社会的风气就会趋向于诚信。圣人在统治天下的位置上，能够使天下的人都收敛自己的意欲，使人心归于淳朴。虽然百姓们都专注着他们的视听（自己的欲望），但是统治者就像对待自己的孩子一样对待他们，使他们回归到淳朴的状态。

读解心得

『圣人恒无心，以百姓心为心』，这话生动地形容了圣者的人格形象。圣者与百姓一样有着自己的社会需求和世界观、价值观，在这个基础之上，肩负着为百姓谋福祉、促进社会和谐发展的历史使命。而这个使命立足点和出发点应该与『公』字形影相随，『以百姓心为心』。这与道来源于自然，服务于自然的道理是相同的。

圣者『无心』，体现在对社会应该持有的包容心态，让百姓的生存、生产不受压制，充分地发挥他们的聪明才智，做到有所为而有所不为。只有具备了这些条件，百姓才能『有心』，才能充分地实现自身的价值。假如圣者『有心』，让自己欲望不断地得到满足，使百姓自由生活的环境被压制、压缩，被动地接受这些意志。那么，人们的生存环境、个性就会被压制，无从发挥甚至受到伤害。百姓『有心』是社会生存的需要，是生命活力的自然状态的生动体现，也是『常无，欲以观其妙』中『妙』的表现。

『圣人恒无心，以百姓心为心』，并不是信手拈来的事情，需要突破现实中的一些观念的约束。不以常人的世界观、价值观来划分社会成分，消除薄彼厚此的现象。对『德善』、『德信』者应该一视同仁，不能只听到少数人的声音。

唐朝时，太宗问魏徵：『历史上的人君，为什么有的明智，有的昏庸？』魏徵答道：『一个人的智慧是有限的，君主若能多听各方面意见，就明智；若只听单方面的话，就昏庸。』还悉数了历史上尧、舜等明君和秦二世、隋炀帝等昏君的例子，然后说：『治理天下者如果能够采纳下属的意见，那么下面的情况他就能了解，他的下属也就很难蒙蔽他了。」太宗听后连连点头称是，并以此时刻提醒自己。这就是说，圣者应当认真听取民众的意见，坦诚接受民众的监督，关心民生疾苦，与民同乐。必须去掉那些极端的、过分的措施，否则，就会使事物走向另一个极端，结果就会丧失民心、丧失天下。这是因为天下是天下人的天下，为大家所共有。

經典事例

纵囚归狱

李世民发动了『玄武门之变』以后，便登基称帝，即唐太宗。他从隋朝灭亡的教训中总结出来：要想使国家实现长治久安，就必须听取广大人民的呼声，了解下层百姓的疾苦。于是他下令广开言路，允许普通百姓自由地向他和朝中百官提出各种意见。但是，很长时间过去了，仍然应者寥寥。

在一个冬夜里，唐太宗又像往常一样批阅奏折。忽然，他被大理寺卿的奏折给吸引住了。奏折上说，全国共有三百九十名死囚将于秋后问斩，但他们当中有不少人日夜痛哭不止。问其原因，原来他们并不是怕死，而是心中还有所挂念。有的是家中还有年迈的父母未曾安顿，有的是家中一脉单传还未留下后代……奏折上说，官府用尽了办法还是不能让他们停止哭闹，于是就向皇上请示是否可以提前行刑。

唐太宗阅罢，沉思许久。忽然，他灵机一动，在他的脑海中形成了一个大胆的想法。第二天早上一上朝，他就对群臣讲出自己的想法，结果把满朝文武惊得目瞪口呆。原来，唐太宗打算将所有死囚都放归，等他们安排好后事之后再自动回到狱中准备受刑。当即有许多大臣表示反对。但唐太宗主意已定，他还亲自到监狱宣布了这道旨意：『你们都是十恶不赦的罪人，但朕听说你们当中有人还未了结家中的后事，朕就恩准你们回家，等处理完后事之后再返回监狱，安心受刑。以一个月为期限，不得有误。』三百九十名囚犯跪在地上，听到太宗的旨意，一时间都愣住了，等到明白过来，个个磕头如捣蒜，高呼万岁圣明。

这个消息传出以后，全国上下为之哗然。人们都为唐太宗的仁慈而感叹，但也有一些人担心，万一囚犯们到期不回来怎么办？这些囚犯要是再次作乱又该怎么办？

唐太宗所规定的期限恰好到元宵节。但是直到元宵节的前一天，三百九十人中还是没有一个回到监狱。其实，唐太宗早在放人的时候，就已派人昼夜监视跟踪这些犯人。

李世民

唐太宗李世民是唐朝第二位皇帝，其名为『济世安民』之意。即位后，积极听取群臣的意见、努力学习文治天下，开创了历史上的『贞观之治』，为一代圣主。

善果获报

李世民虚心纳谏、广开言路，在国内厉行节约，百姓得以休养生息，国泰民安。此举为后来的开元盛世奠定了重要的基础。

他暗中下令，一旦犯人逾期不归，就立即杀掉。

第二天就是元宵节，唐太宗无心早朝，只是一个人在后宫等消息。不久，大理寺卿前来进见。唐太宗连忙问犯人的情况。『回禀皇上，犯人全回来了，一个不少！这真是天下奇闻啊！』唐太宗听罢不由得开怀大笑，连日的忧虑一扫而空。大喜之下，他下令让这些囚犯当晚夜游长安城观赏花灯。

入夜以后，长安百姓目睹了世间罕见的一幕：皇帝的龙辇在前头缓缓前行，后面一群披枷戴锁的囚犯行走在五光十色的灯会之中，长安城的百姓无不心悦诚服，一齐跪下高呼：『吾皇万岁，万岁，万万岁！』

唐太宗纵囚归狱，本意只是为了收买人心，没想到竟产生如此轰动的效果，这是他没有预料到的。他顿时感慨万千，感觉到民心的淳朴可爱，于是自己暗下决心，一定要更加勤政爱民。后来，唐太宗又下令将这些义不食言的囚犯免除死罪，更使得天下百姓对他无比爱戴。

唐太宗纵囚归狱的故事，正好可以说明『善者，吾善之；不善者，吾亦善之，德善。信者，吾信之；不信者，吾亦信之，德信』的深刻的内涵和对于治理天下的重要意义。

第五十章

题解 本章主要讲『养生之道』。这里所提到的『养生』是指为人处世、趋利避害之道。道家的『无为而治』、『明哲保身』的处世哲学通常被认为是消极避世的思想，实际上我们从中仍然可以看到一些积极的因素。用《道德经》的逻辑方式来解读这些道理，就是表面上消极地避世实际上是为了更积极地入世。

原文 **出生入死**①。○韩非子《解老》：人始于生而卒于死。始之谓出，卒之谓入。○王弼《道德真经注》：出生地，入死地。**生之徒**②，**十有三；死之徒**③，**十有三；**○王弼《道德真经注》：十有三，犹云十分有三分，取其生道，全生之极，十分有三耳。取死之道，全死之极，亦十分有三耳。○宋徽宗《御解道德真经》：与生死为徒者，出入乎生死之机，固未免夫累。**人之生，动之于死地，亦十有三。**○韩非子《解老》：凡民之生生，而生者固动，动尽则损也；而动不止，是损而不止也。损而不止。则生尽；生尽之谓死，则十有三具者皆为死死地也。○河上公《老子章句》：人知求生，动作反之十三死（地）也。**夫何故？以其生生之厚。**○河上公《老子章句》：问何故动之死地也。（言人）所以动之死地者，以其求生活之事太厚，违道忤天，妄行失纪。○王弼《道德真经注》：而民生生之厚，更之无生之地焉，善摄生者无以生为生，故无死地也。**盖闻善摄生者**④，**陆行不遇兕虎**⑤，**入军不被甲兵**⑥；**兕无所投其角，虎无所措其爪，兵无所容其刃，夫何故？以其无死**

地⑦。○王夫之《老子衍》：然而摄生者其用在动，之死者其用亦动。何以效之？摄生者以得地为忧，动而离之。之死者以不得地为忧，动而即之。彼虽日往还于出入之间，而又恶知动哉？则甚矣，地之可畏也！兕虎之攫，必按地以为威；甲兵之杀，必争地以制胜。遇无地者，则皆废然而丧其杀机。杀不在彼，死去于我，御风音所以泠然善，云将所以畅言游也。

注釋 ①出生入死：出，出现于世上，也就是生。入，入于地下，也就是死。②生之徒：即属于长寿一类的人。徒，属、类。③死之徒：属于夭折的那些人。④盖闻善摄生者：盖，用于句首的语气词。摄生，即养生。摄，调摄、养护。⑤陆行不遇兕虎：陆行，在陆地上行走。兕，犀牛。⑥入军不被甲兵：入军，到军队中参战。被甲兵，即指受到杀伤。被，动词，遭受。甲兵，武器、兵器。⑦无死地：没有进入死亡的地域。

譯文 人的一生由出世开始，到入于地下而结束。属于长寿一类的人占到十分之三，属于短命一类的人占到十分之三，本来属于长寿的可是最终短命的，又占了十分之三。为什么会这样呢？那是因为很多人把个体的生命放在太突出的位置上了。我曾听说善于养生的人，在陆地上行走时不会遭到兕牛和老虎的袭击，在战场上打仗不会被兵器所伤。兕牛在他面前用不上它锐利的角，老虎在他面前用不上它锋利的爪子，敌人手中的兵刃也伤不着他。这是什么缘故呢？因为这种人没有把自己放在显要、突出的位置，所以他就不会进入受伤、死亡的危险境地。

张良

张良虽系文弱之士，却以军谋家著称。汉高祖入都关中，天下初定，他深悟『狡兔死，走狗烹；飞鸟尽，良弓藏；敌国破，谋臣亡』，自请告退，明哲保身，始终为自己留条后路。

秦始皇出诏灭六国

秦王嬴政先后灭韩、赵、魏、楚、燕、齐六国，完成了统一中国的大业，建立第一个以早期汉族为主体的强大多民族统一的封建大帝国——秦朝。

讀解心得

世界上一切事物的存在形态大概都可以用『生』与『死』来描述。因此，对生死的态度，也就形成了一个人的人生观，生死观就是一种重要的人生哲学。在老子看来，不离失本份的人就能长久不衰，身虽死而『道』仍存的，才算是真正的长寿。人还要爱生，养生，很好地保护自己以求得更好地发挥自己的生命能量，所以老子提出要贵生重己。

人有出生的一天就注定有死亡的一天，就像黑夜必定有白昼一样，是自然的规律，每一个人都永远逃不掉的。所以，我们应该生的时候不欢天喜地，死的时候也不呼天抢地。无拘无束地来，无牵无挂地走。不忘记自己的来处，也不追求自己的归宿。事情来了就欣然的接受。把生死全部扔在脑后，一切顺应自然的规律。

老子说，尽量使心保持清虚寂寞，要切实坚守心境的清净。从万物的生长发展过程中，观察循环往返的道理。万事万物尽管变化纷纭，最后还是要返回本根。返回本根就叫做静，也称为复归生命的本性。老子希望人们能够少私寡欲，清静质朴、纯任自然。老子崇尚的是一种自然的人生哲学，同样也主张以一种自然的平常心对待生死，认为一个人应该不贪生不恶死，生者，寄也，死者，归也。

很久以来，这段文字被人们认为仅仅是老子所推崇的养生之道的言论。事实上，修身、齐家、治国、平天下，只不过是对象、过程改变了而已，个中道理却是相同的。历史上兴盛王朝，建国之初的统治阶级一般都会采取轻徭薄赋的休养生息政策，减轻人民负担，时刻约束自己的行为，让社会生产力得到恢复，人们安居乐业，国家得以长治久安，这也是一种『养生』。即便社会上存在有不安定因素，也难成气候，即是『兵无所容其刃』了。相反，如果统治者横征暴敛而导致民不聊生、流离失所，如腐朽的大船，经不起大风大浪，就如兵之所加，无处遁形了。

世上的『有』，来源于『无』，其根源是『虚静』，通过生长，发展，又回归到原来的静。犹如一粒稻谷，通过发芽，生长，成熟，又回归原来的稻谷『静』的状态。世间万物安静地守着自己的本性，默默地吸收着大地的滋养，享受天然的生命。而现实总是有太多的事情在牵绊我们，有太多的声色犬马在诱惑我们，有太多的贪心、欲望导致我们危险地活着而不是诗意地栖居在这片大地上。

春荣冬枯，最后回到天然的寂静，随自然而起，随自然而化。日月经天，江河行地，牵扯出四季轮回，哺育着生生不息。

经典事例

王翦求赏

王翦是秦王嬴政手下的著名将领，一生战功赫赫，为秦王统一六国立下了汗马功劳。

战国末期，秦王势如破竹般横扫六国。秦王想要灭楚，他倾心于年轻壮勇的秦将李信，认为他聪明果敢。李信曾经率领数千人马大破燕军，并虏获了太子丹。秦王就问李信要想破楚，需要多少人马。心高气傲的李信认为二十万即可。秦王又找来身经百战的老将军王翦，问他相同的问题，王翦回答：『楚国是我们的劲敌，非常难缠，要攻下它，最少也要六十万军队大军。』秦王背地里说：『王将军果然老了，竟然这样胆小！还是李将军胆识过人，所说的一点不错。』于是，他就派李信领兵二十万南下伐楚。王翦因为秦王不采纳他的建议，托病辞官，回到家乡养老。

李信率领秦军攻打平与，另一位秦将蒙恬攻寝丘，大败楚军。李信又乘胜追击，攻下了鄢、郢等地。于是引兵西进，与蒙恬部队在城父会师。项燕率领的楚军趁此喘息之机积蓄力量，尾随秦军三天，终于击败李信的部队，攻下了两座营垒，有七名都尉被杀，秦兵大败而逃。

秦王听说秦军失败，大惊失色。这时他才知道老将王翦确有远见，于是亲自到王翦住处向他谢罪，说：『寡人当初没有听从老将军的话，李信果然使秦军兵败受辱。现在楚军正在西进，将军虽然有病在身，怎么能忍心抛弃寡人呢？』王翦辞谢道：『老臣年老多病，还望大王另选良将。』但秦王坚持要求王翦领兵，这时王翦提出了条件：『如果非要用老臣，那么一定要给我六十万大军。』秦王当即允诺。于是王翦率领六十万大军伐楚，秦王亲自将他送到灞上。

王翦临行前多次向秦王索求良田美宅园地，秦王笑道：『将军既然已经出兵，还怕将来受穷吗？』王翦回答说：『作为大王的部将，虽然立下战功却始终不得封侯，所以我趁大王现在亲近臣下之时，多求些良田美宅园地，为子孙后代置备好家业。』秦王听了大笑，立即应允。

王翦率领军队行至关口后，又曾五次派使者回朝索求良田。王翦的部下认为他求赏有些过分，王翦却说：『秦王这个人粗暴而又多疑，如今几乎把全国兵力都交付给我，我只有以多请田宅的方式让他以为我一心为子孙后代置家业，才能使秦王打消对我的怀疑。』

王翦代替李信又来攻楚，楚军听说王翦率大军六十万前来，也发动了楚国的全部兵力以对抗秦军。王翦的大军一到，立即坚壁防守，不轻易出战。楚军多次挑战，可秦军始终不出兵应战。王翦每天要求士兵休息沐浴，安排美食安抚他们。他还与士卒们同饭同食，意在保存实力，消耗楚军，以等待最后殊死一战。过了一段时间，王翦打听士兵们以什么来作为娱乐活动，有人回答：『战士们每天比投掷石头和跳远。』王翦认为时机成熟，就下令全军做好准备。楚军屡次挑战而秦军不应，于是楚军引兵向东，王翦趁此机会，率兵追击，大败楚军，并斩杀了将军项燕。

秦军乘胜追击，一年之内就平定了楚国城邑，俘虏了楚王，楚国就此灭亡。王翦又率兵南下征讨百越，再一次取得了胜利。王翦也因战功卓著而被封为武成侯。

王翦之所以获得成功，就是因为他懂得了明哲保身之道，即『善摄生』。他能够及时地辞官回乡，又能够巧妙地消除秦王的怀疑，这正是他高于常人之处。

第五十一章

题解 这一章重点讲述"德"的作用。"道"生成万物，"德"养育万物，但是万物生长是顺其自然的，而"道"和"德"并不干涉他们。

通过本章的论述，我们可以看出"道"的伟大之处正在于它虽然创造了万物，但是它并不含有什么主观的目的，因此毫不张扬，整个造物的过程完全是无声无息、顺其自然的。"道"虽然是万物的始基，然而它"生而不有，为而不恃，长而不宰"，只有这样，才是最大的"德"，即所谓"玄德"。

本章揭示了老子道德观的基本内涵，这也正是"无为"思想的具体体现。老子此言的目的，就是要求人们能够排除私心杂念，一切顺应自然，遵循大"道"，从而实现人的心灵真正的升华。

原文 **道生之①，德畜之②，物形之，势成之。**〇河上公《老子章句》：道生万物。德，一也。一主布气而蓄养（之）。一为万物设形像也。一为万物作寒暑之势以成之。〇王夫之《老子衍》：道之用曰德。皆道之自然。**是以万物莫不尊道而贵德。**〇河上公《老子章句》：道德所为，（万物）无不尽惊动，而尊敬之。〇王弼《道德真经注》：道者，物之所由也。德者，物之所得也。由之乃得，故曰不得不失，尊之则害，不得不贵也。**道之尊，德之贵，夫莫之命而常自然。**〇河上公《老子章句》：道一不命召万物，而常自然应之如影响。〇王弼《道德真经注》：命并作爵。

故道生之，德畜之。长之育之，亭之毒之③，养之覆之④。○河上公《老子章句》：道之于万物，非但生而已，乃复长养、成熟、覆育，全其性命。人君治国治身，亦当如是也。○王弼《道德真经注》：谓成其实，各得其庇荫，不伤其体矣。**生而不有，为而不恃，长而不宰。是谓玄德。**○王弼《道德真经注》：为而不有。有德而不知其主也，出乎幽冥，是以谓之玄德也。○唐玄宗《御注道德真经》：具如载营魄章所释，彼章言人修如道，此章明道用同人。

注釋 ①道生之：之，指万物。『道』生成万物。②德畜之：德，道分化于万物就成为『德』。『德』畜养万物。③亭之毒之：亭，即成。毒，即熟。亭之毒之，即使之成熟、结果的意思。④覆：覆盖、保护、维护。

譯文 『道』生发万物，『德』养育万物，万物呈现出纷繁复杂的形状，是外部的具体环境使其如此的。因此，万物没有不尊崇『道』并且以『德』为贵的。『道』之所以受到尊崇，『德』之所以受到珍重，那就是因为『道』不是强制他们生长而是让他们自然而然地生长。所以，『道』生发万物，『德』养育万物，它们促使万物成长、发育，促使万物自立、成熟，使万物都得到滋养与保护。生育它而不据为己有，成就它而不自恃有功，引导而不主宰，这就叫做深奥而玄远的『德』。

讀解心得 在前面的很多章节当中，老子已经多次论述了『道』与『德』之间的关系。由于『道』具有『虚空』的特点，令人难以捉摸，因此，这个无所不能、无处不在的『道』，要与『德』来配合，从而才能具体地指导世间万物的生长、繁荣。

老子在这一章中着重论述了『道』生养万物的地位，并指出『道』所采取的是『无为』的方式，即『夫莫之命而常自然』。老子并未明确指出『道』与『德』间严格的区别，从『道生之，德畜之』来看，『道』是生发万物的关键，而『德』的作用则在养育万物上。需要注意的是，此处的『生』，并不是一般意义上所说的『出生』这样一个简单短暂的瞬时性事件，而是指世间万物的包括其起始、中点和结束在内的完整的发展变化过程，与『人的一生』这个概念含义相似。而『德』负责养育万物，这样看来，『道』与『德』的作用就重叠了，那么，老子为什么还要区分这两个概念呢？首先，老子所提出的『道』的概念本身就比较模糊。在当时的科技条件之下，老子对世界的认识还不够全面，也不够深入，因此也没有清楚地解释『道』的存在形式与它的作用，这就使得『道可道，非常道』、『视之不见名曰夷；听之不闻名曰希；搏之不得名曰微』。其次，老子将自然界中的『道』引入到社会历史领域，他难以解释『道』对于人及社会的具体作用形式，所以引出『德』这一概念。

在老子看来，『道』和『德』是不带有主观意志的客观存在，这是比较典型的无神论观点。与西方古代哲学相比，它的先进性在于，否定了诸如上帝、神仙等主观意志对于世界的主宰作用，只有『道』这一客观实在才是世界产生的本源与发展的动力，万事万物（包括人在内）都要遵循『道』这一根本的法则。这在先秦时期的思想领域中是一个重大的突破，可以说达到了相当高的水平。

从今天的角度来看，『德』是『道』的一个重要属性，『德』怀有『道』的秉性，同时也是『道』的作用得以存在的重要支撑点。『道』令人看不见、摸不着，也琢磨不透，而有了『德』的存在，使得『物形之，势成之』，人们由形见物，才能揣摩出『道』的深意。

老子把『德』看得和『道』同样重要，二者密不可分，『道』是『德』的源头，『德』是『道』的表现形式与作用方式，二者互相依存。因此，老子在提及『道之尊』的同时，也谈到了『德之贵』，二者『夫莫之命而常自然』，对于天地万物的活动不加以干涉，任其自由发展。这就是《道德经》全书中反复提到的，并作为其核心思想的『无为而治』的理论。

人们不禁要问：既然『道』与『德』对万物采取了『放任』的态度，那么世界的发展岂不一片混乱？其实不然。因为在老子哲学当中，世间万物彼此并不孤立，他们之间存在着千丝万缕的联系，它们在『道』与『德』的支配下互相影响、制约，从而在整体上实现平衡。

天下万物的产生、发育、繁衍甚至衰亡，完完全全是处于自然状态之下的。这就是『道』所体现出来的『德』的精神。因此我们说，『道』和『德』的『尊』、『贵』地位并不是自封的，这是以它们对万物产生的作用和影响为基础而自然生成的。西汉时期抗击匈奴的名将李广治军有方，他对待下属非常体贴。有一次，李广在寒冷的冬季带领队伍前进，他发现有一个士卒腿部负了伤，冻得浑身发抖，行走十分艰难。于是他当即跳下马，把马牵到这个士卒跟前，把马给了这个士卒，并且小心翼翼地把他扶上了马背，还亲自为他牵缰绳。这个士卒受到李广如此呵护，禁不住感激涕零。李广对待手下将士真诚和善，他关心部下，虽然不自夸自大，但依然令很多人受到感动。士卒们正是因为受到他了的关怀，所以在战场上都英勇奋战，使得李广的军队所向无敌。因此，司马迁在《史记》中对李广有着很高的评价：『李将悛悛如鄙人，口不能道辞。

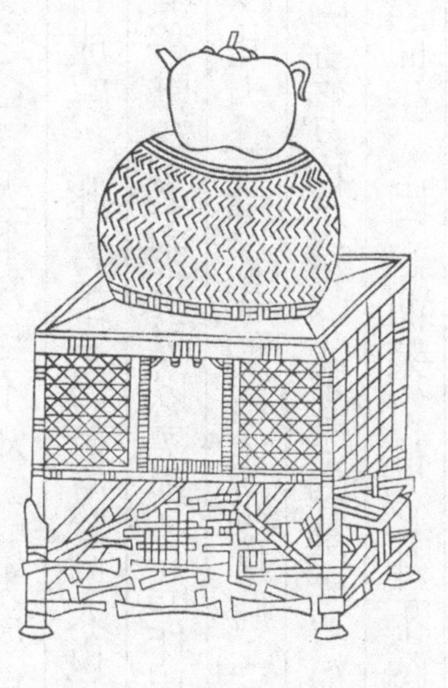

苦节君像

『苦节君』为茶炉的代称，其外以藤包扎，而后改用以竹包扎，称作『苦节君像』，寓『逆境守节』之意，这也应是德行的一种。

孝感动天

相传舜的父亲、继母、异母弟象，多次想害死他，但舜毫不嫉恨。帝听说舜非常孝顺，有处理政事的才干，经多年观察考验，选定为继承人。舜登天子位后，去看望父亲，仍恭恭敬敬，并封象为诸侯。

及死之日，天下知与不知，皆为尽哀。彼其忠实心诚信于士大夫也。谚曰：桃李不言，下自成蹊。此言虽小，可以谕大也。』可见，真正的『大德』不必彰显它的威力，只在潜移默化之中就可以实现它的作用。这就是『长之育之，亭之毒之』的奥妙所在。以此为基础，我们就不难理解『生而不有，为而不恃，长而不宰』所隐含的道理，『德』是万物生长、繁荣的基础，但它是没有任何欲望的客观存在，因此，万物可以因它而生，因它而荣，但它却不图任何回报，因为，生发万物，正是『德』的职责所在。

經典事例

舜耕历山

传说在上古时代唐尧治理天下的时候，在历山这个地方，有一个很有名气的年轻人，叫舜。他的父亲瞽叟是个盲人，是非不分，顽固不化；继母性格泼辣，为人两面三刀；继母所生的弟弟象更是桀骜不驯。继母和弟弟经常在瞽叟面前搬弄是非，说舜的坏话，于是三个人串通一气，时常想办法加害舜。

面对这样一种状况，舜依然对父母不失孝道，对弟弟保持友善。舜在察觉到家人要加害他的时候，就及时躲避；危险解除，他又回到家人身边。舜家境清贫，所以从事各种体力劳动，经历坎坷。相传，他很小就在历山耕耘种植。

后人有诗赞曰：队队春耕象，纷纷耘草禽。嗣尧登宝位，孝感动天心。

每天天刚亮，舜就赶着耕牛、拖着犁头下田了。到了吃饭的时间，舜就急忙赶回家中，可家里只给他留了一点残羹剩饭。舜吃完冷饭，就又回到山上耕地去了。饿了，他就采摘山果充饥解渴；累了，就坐在树荫下歇口气。他每天都一直干到傍晚才回家，可即使这样，他的父母仍然经常责骂他。

舜在耕地的时候，常常为自己无法得到父母的爱心而犯愁。他经常责问自己哪里做得不够好，有时竟然仰天大哭起来。

乡里人见了都说，舜是因为不堪忍受父母的虐待才痛哭的。舜却说：『我并不是为自己的劳苦而哭的，我哭的是我不能让父母高兴起来。』

这样，舜的孝名一传十，十传百，后来传到尧的耳中。

尧正想找一个接班人，当时分管四方的诸侯之长『四岳』向尧推荐舜。尧为了考验他的品行，就把自己的两个女儿娥皇和女英嫁给了舜，还将许多土地、财宝、牛羊作为陪嫁一并送给了舜。

看到舜的荣华富贵，继母心里非常嫉妒。舜的弟弟象更是对两位嫂子的美色垂涎三尺。三个人想出了一条毒计，想害死舜，然后霸占他的一切。

这天，父母对舜说：『我们家仓库房顶漏了，你上去修一修吧。』

娥皇、女英给了舜两顶斗笠。舜带上工具，爬上房顶。他的父母、弟弟马上搬走楼梯，放起大火来。舜抓着斗笠，张开双臂，就像展开两片翅膀一样，从房顶飘然落下。

继母又生一计，他们让舜去淘井。待舜下井后，上面的三个人马上搬运土石，把井填埋起来。他们认为舜必死无疑，象迫不及待地跑到舜的房里准备接管嫂子和财物，却看见舜正在弹琴。原来，舜一到井下，就在井壁打了一个洞，从另一口井钻出来了。于是象假惺惺地说是来看望哥哥的，舜则若无其事地说：『你来得正好，我现在的事情很多，正需要你帮助我来料理呢。』

舜对父母的孝顺，对兄弟的友善，也深深影响了他的两个妻子，娥皇和女英也加倍孝敬公婆，照顾弟弟象。

尧经过考察，并根据两个女儿的报告，知道舜确实是一位贤士，就让他来参与政事。最后，尧把帝位禅让给了舜。

舜即位之后，以天子的仪仗，回到家乡去拜见父母。直到这时，糊涂的瞽叟才明白，舜确实是一个孝顺的好儿子，他深感悔愧，从此改恶从善。舜还不念旧仇，把他的弟弟象封为有鼻的诸侯。象见哥哥对自己如此仁爱，心中也非常感动，也决定洗心革面，成为一个贤人。

舜在屡次受到父母、兄弟的陷害之后依然能够保持美好的品行，不计前嫌，从这一点上来说，他确实是位具备『玄德』的圣人。

第五十二章

题解 这一章讲述认识论的相关问题。《道德经》一书中把『道』作为万事万物的源头，由『道』推衍开来，万事万物顺其自然地繁衍生息。但是老子也喜欢时常论述『道』与万事万物的关系。本章中的『母』与『子』的关系实际上就是『道』与『万物』的关系。从这里我们可以看到，我们只有认识了『道』，才能够认识万事万物；认识了万事万物，也不能忘记『道』，因为万事万物都是遵循『道』的。这样做才能保证认识的正确性。老子还认为，要想认识『道』，还要摒弃私心杂念和个人偏见，否则，永远也无法认识『道』。对『道』的追寻不仅需要向外探求更需要反躬自省。

原文 **天下有始**①**，以为天下母**②。〇王弼《道德真经注》：善始之则善养畜之矣，故天下有始则可以为天下母矣。〇王夫之《老子衍》：言『始』者有三：君子之言始，言其主持也；释氏之言始，言其涵合也；此之言『始』，言其生动也。**既得其母，以知其子**③**，既知其子，复守其母，没身不殆**④。〇河上公《老子章句》：子，一也。既知道已，当复知一也。已知一，当复守道反无为也。不危殆也。〇王弼《道德真经注》：母，本也，子，末也。得本以知末，不舍本以逐末也。**塞其兑，闭其门**⑤**，终生不勤**⑥。〇河上公《老子章句》：兑，目也。(使)目不妄视也。门，口也。使口不妄言。人当塞目不妄视，闭口不妄言，则终生不勤苦。王弼《道德真经注》：兑，事欲之所由生；门，事欲之所由从也。无事永逸，故终身不勤也。**开其兑，济其事，终身不救。**○河上公《老子章句》：开目视情欲也。济，益也。益情欲之事。祸乱成也。○王弼《道德真经注》：不闭其原而济其事，故虽终身不救。**见小曰明，**○河上公《老子章句》：萌芽未动，祸乱未见为小，昭然独见为明。○王弼《道德真经注》：为治之功不在大，见大不明，见小乃明。**守柔曰强。**○王弼《道德真经注》：守强不强，守柔乃强也。○唐玄宗《御注道德真经》：守柔弱，则人不能加，可谓强矣。**用其光，复归其明⑦，**○河上公《老子章句》：用其目光于外，视时世之利害。复当返其光明于内，无使精神泄也。○明太祖《御注道德真经》：如此者，所守者暗，所用者有，大光其明，复为我有。**无遗身殃⑧。是为袭常⑨。**○王夫之《老子衍》：生息无穷，机漾于渺。欲执之而已逝矣，欲审之而已迁矣，欻忽萧散，何所为『常』？于其不『常』，而阴尸其『常』，岂复在『子』『母』之涯涘邪？不然，以己之知与力，有涯之用，追随『子』『母』之变，未见其免于殃也。

注释 ①始：本始、起始，此处指『道』。②母：根源，亦指『道』。『道』生天下万物，故为天下万物之母。③既得其母，以知其子：子，指天下万物。天下万物由『道』产生，故为『道』的儿子。既得其母，以知其子，意即已经掌握了万物的根源——『道』，从而认识了『道』的儿子——万物。④没身不殆：没身，指死亡。到死都没有危险。⑤塞其兑，闭其门：其，指人民。兑、门，都指窍穴。塞住他们嗜欲的孔窍，关闭他们嗜欲的门径。⑥勤：即勤劳之义，含有劳扰的意思。⑦用其光，复归其明：『光』是向外照耀，『明』是向内透亮。运用智慧的光，返照内在的『明』。⑧无遗身殃：遗，招致。殃，灾祸。不给自己带来灾祸。⑨袭常：承袭常『道』，也就是因循永恒的自然规律。

譯文

天下万物都有其本始，大家都以这个本始作为生存所依归的母体。能够认识这个母体就能继而认识各种具体存在，认识各种具体存在仍需要坚守这个母体，这样做终身都不会有危险。塞住欲念的孔穴，闭起欲念的门径，终身都不会有烦扰之事。如果打开欲念的孔穴，就会增添纷杂的事件，终身都不可救治。能够察见到细节，叫做『明』。能柔弱灵动地因势利导，这才是真正的强健。运用其光芒，返照内在的明。有效地避免各种祸患，这才是万世不绝的『常道』。

讀解心得

对于世界本源的探索，是人类自产生之际就已经开始的精神活动之一。中国自西周以来，就已经产生了诸如阴阳、五行学说那样较为原始的唯物论，这就是中国早期的朴素唯物主义。老子作为朴素唯物主义的拥护者和倡导者，较早地以文字形式对于世界的本源进行了探讨。在前面很多章节当中，他已经反复多次地阐述了『道』的本质，所谓的『道』，既是世界产生的源头，同时也是构成现实世界的实体。老子进而将这个『道』看成支配世间万物发展变化的无形的自然规律。当然，由于受到当时历史与科学发展条件的限制，老子的理论出现了一些混乱，即物质层面上的『道』与人类精神层面的『道』的混同。这种混同反映到他的认识论领域中来，这就使老子的理论带上一种以『道』观物的特性。

老子在本章中继续以认识论为基础，来体察做人的道理。他在本章中提到的的『得母』、『知子』的观点是其哲学思想的精华之一，他认为人们只有认识到这一点，才能在人生道路上守持正『道』，从而『没身不殆』。

『塞其兑，闭其门，终生不勤；开其兑，济其事，终身不救。』就是老子为世人指出的具体的行为准则。本章意在说明，世俗之人都好耍聪明，而不懂得收敛内省，这是极其危险的，他认为人们应当含蓄、内敛，这样才不会自遭祸患。

『用其光，复归其明，无遗身殃。是谓袭常。』从现代理论来讲，这是一种负反馈调节机制。这正是生命个体在复杂的现实环境中维持稳定状态的关键。人们只有不断地体察周围世界，才能及时调节自己的行为，这正是老子对于明哲保身之道的具体阐释。

經典事例

纪昌学箭

《列子·汤问》记载了一个纪昌学射箭的故事。

相传，古时候有一位射箭能手名叫甘蝇。他只要对准野兽，一拉弓射箭，野兽就立刻应声而倒；他将箭射向天空中的飞鸟，顷刻间，飞鸟就会从空中坠落下来。凡是见过甘蝇射箭的人，没有一个不称赞他的射术，都说他箭无虚发，百发百中。甘蝇有个学生名叫飞卫，他跟着甘蝇学习射术非常刻苦，几年之后，飞卫射箭的本领竟然超过了他的老师，人们都称赞他名师出高徒。后来，有个名叫纪昌的人慕名而来，拜飞卫为师，跟随飞卫学习射术。

飞卫收了纪昌做弟子之后，对纪昌要求十分严格。刚开始学习射箭时，飞卫就对纪昌说：『你是真心要跟我学习射箭吗？你要知道，不下苦功是学不到真本领的。』纪昌立刻表示：『只要能学到射箭的真本领，吃再多的苦我也不怕，我愿意听老师指

纪昌学箭

纪昌从学箭中体会到，学习任何一门技能都必须做到勤学苦练，心无旁骛，『塞其兑，闭其门』，而得其精髓。

教。』飞卫很严肃地对他说：『你要首先学会不眨眼，只有先做到了不眨眼，才能谈得上学射箭。』

纪昌听了老师的话以后，回到家里，仰面朝天躺在妻子的织布机下面，双眼一眨不眨地盯着他妻子在织布时不停踩动的踏板。纪昌天天如此，月月如此，这样坚持了整整两年，从未间断。后来即使锥子的尖端刺到了他的眼眶边，他的双眼也能够一眨不眨。

纪昌于是离别妻子又到飞卫那里去了。飞卫听完纪昌对自己两年来练习情况的汇报后又对纪昌说：『你现在还没有学到家。要想学好射箭，你还必须要练好眼力，要练到看细小的东西就像看到大的一样，看模糊的东西就像看到明显的东西一样。你还得继续练，练到了我所说的程度，再来告诉我。』

纪昌再一次回到家中，找了一根极细的牦牛尾巴上的毛，一头系上一只小虱子，另一头悬挂在窗框上，目不转睛地看着那个小虱子。十天之后，那个小虱子似乎变大了。纪昌继续坚持不懈地练习。又过了三年，他眼中那个系在牦牛尾毛下端的小虱子似乎又变大了，好像车轮一样大小了。纪昌再看周围其他的东西，好像全都变大了。

于是，纪昌找来了用北方生长的牛角做装饰的强弓，又找来了用出产在北方的蓬竹所制造的利箭。他左手持弓，右手搭箭，目不转睛地瞄准那只虱子，将箭射了出去，箭头刚好从虱子身体的中心穿过，而悬挂虱子的牦牛尾毛却没有丝毫损伤。这时候，纪昌才真正体会到要想学到真本领非下苦功夫不可。于是，他又去找飞卫，把这一成绩告诉了老师。

飞卫听了纪昌的汇报非常高兴，走过去对纪昌说：『看来射箭的奥妙，你已经完全掌握了啊！』

如果把『天下有始，以为天下母』的内涵具体化，正可以说明这样一个道理：学习任何一门技能都必须做到勤学苦练，心无旁骛，『塞其兑，闭其门』，除此之外，没有其他捷径可走。

第五十三章

【题解】本章中老子把他的哲学思想贯彻到他对社会的思考当中。

这一章中老子用简洁的语言描绘了田园荒芜、粮仓空虚的现实情况，就是在老百姓生活在这样一片水深火热之中的同时，统治者仍然『服文彩，带利剑，厌饮食，财货有余』，这更加揭露了统治者的荒淫无道，老子把他们称作是『盗夸』。

在本章中，老子抒发了他强烈的爱憎感情，这在《道德经》中并不多见。在这里，老子似乎成为了人民大众的代言人，控诉统治者的恶劣行径。老子认为，统治者也要遵循『道』，若不行『大道』，必将是自取灭亡。统治者若能遵守『大道』，老百姓自然而然就能够过上富足而和谐的生活。但是我们从另外一个角度来看，老子自身实际上也属于统治阶级（老子当时相当于是国家图书馆的馆长），所以我们也应该把这一章看做是老子对统治阶级的警告。无论如何，在老子的时代，作为老子这样身份的人能有这样的思想境界已经相当不容易了。

【原文】**使我介然有知①，行于大道，唯施是畏②。**〇韩非子《解老》：书之所谓『大道』也者，端道也。所谓貌『施』也者，邪道也。〇王弼《道德真经注》：言若使我可介然有知，行大道于天下，唯施为之是畏也。**大道甚夷③，而人好迳④。**〇韩非子《解老》：所谓『经』大也者，佳丽也。佳丽也者，邪道之分也。〇河上公《老子章句》：夷，平易也。径，邪、不平正也。大道甚平易，而民好从邪径也。**朝甚除⑤，田**

甚芜⑥，仓甚虚⑦；〇河上公《老子章句》：高台榭，宫室修。农事废，不耕治。五谷伤害，国无储也。〇王弼《道德真经注》：朝，宫室也。除，洁好也。朝甚除，则田甚芜，仓甚虚，设一而众害生也。**服文彩⑧，带利剑，厌饮食⑨，财货有余；是为盗夸。非道也哉！**〇王弼《道德真经注》：凡物不以其道得之则皆邪也，邪则盗也。夸而不以其道得之，窃位也，故举非道以明非道，则皆盗夸也。〇陈致虚《道德经转语偈》：盗夸盗出自家珍，覆水难收费苦辛。只为良田荒秽了，如何做得太平民。

注釋 ①我：指有道的执政者。②唯施是畏：施，读为『迤』，邪、斜行之义。唯施是畏，意即只害怕走入邪路。③夷：平坦。④好径：径，斜径、小路。好径，喜欢走斜径。⑤朝甚除：朝，朝廷。除，废弛、颓败。朝甚除，即朝廷非常腐败。⑥田甚芜：农田非常荒芜。⑦仓甚虚：仓库非常空虚。⑧服文彩：服，动词，穿。文彩，指华丽的衣裳。⑨厌：饱足。

譯文 假如我稍微有点儿常识的话，我就要在大道上行走，唯独小心谨慎的就是避免走入歧途。大道很平坦，而有的人却总是喜欢走小道。一方面是朝政很腐败，农田非常荒芜，仓廪非常空虚；另一方面却有人（统治者）穿着漂亮的衣服，佩戴着锋利的刀剑，享用着美味佳肴，即使这样下来剩下的财产货物仍然很多。这实在是强盗一样的统治者，是不合于『道』的啊！

讀解心得 在《道德经》全书中，唯物主义自然法则以及辨证思想贯穿始终，老子认为不仅万事万物的产生和发展各循其『道』，统治者也应当效法自然，秉承『天道』来调整各种社会关系，以保持社会的繁荣稳定、自然和谐。

从前面『大道废』这一论断来看，在老子所处的时代，社会已经混乱不堪，人们沉湎于物欲的追求与享受之中，因此他说『大道甚夷，而人好径』，明确指出当今世俗之人早已背离了『大道』。老子此言含义非常深刻，他认为，『大道』其实很平坦，治理国家并不是非常困难的事情，只要坚守住几条基本原则就可以了，对于统治者来说，他应该控制住自己的欲望，防止它无限膨胀，不能为了满足自己的奢华生活而置百姓于不顾。

老子这一观点来源于他的万物平等思想，即『天地不仁，以万物为刍狗；圣人不仁，

泰山问政

孔子过泰山，闻妇人啼哭，知苛政伤民，喟然叹曰：『苛政猛于虎也。』

以百姓为刍狗」，他认为既然万物都是平等的，那么统治者就没有理由凌驾于百姓之上，作威作福。但是，历史上多数的统治者，常常为了一己私利违背客观原则，把自己看得高高在上，而把百姓看得一文不值。老子列举了「田甚芜，仓甚虚」等「大道」已废的表现，意在把百姓生活的艰难与统治者的奢侈进行对比。他把统治者比作强盗，从而揭示了这种两极分化的产生原因，其中具有明显的民本主义思想倾向。在这一点上，孟子也有着相似的看法，他认为百姓之所以处在「父子不相见，兄弟妻子离散」（《孟子·梁惠王下》）的艰难境地之中，就是因为统治者「不与民同乐」（同上）。

老子一直在追求「和」的境界，在这里，我们可以把它看成是一种人类社会的和谐。老子不像儒家那样把社会分成两个对立的阵营，而是力图化解所谓的「对立面」之间的矛盾。这种思想对于当时社会世风日下、人心不古的现实状况来说，确实是一剂治世良方。

經典事例

割发代首

公元199年，曹操在与袁绍进行官渡之战的决战之前，精辟地分析了双方的形势。曹操认为，自己虽不及袁绍兵多地广，但军队号令严明，因此有望以少胜多。为了夺取胜利，曹操进一步整肃军纪，他命令全军将士，在行军训练的时候不许践踏庄稼，不许打骂百姓，不许调戏民女，不许违反民利，违令者斩首。从此以后，曹操的部队在行军训练时十分谨慎，遇到麦田，骑兵纷纷下马，百姓见此情景，交口称赞。

有一次，曹操出巡，没想到，他胯下的战马在途中受惊，跑进麦田，践踏了一片麦苗。曹操带住马后连忙跳下来，跪地认罪，请求执掌军法的主簿按军令将他斩首。

主簿觉得曹操的马是因为受惊而踩坏了麦苗，并不是他故意所为，不应当斩首，于是对曹操说：『按照《春秋》大义，法不加尊。您是全军的统帅，虽然违犯军令，但不能斩首。』曹操听罢气愤地说：『我身为统帅，法令是由我自己制定的，自己违法而不受罚，又怎么能统御部众？』主簿又解释道：『统帅违令，不同于常人，可以免刑。』曹操见主簿不肯以军法从事，便拔出佩剑，准备当众自刎。众将官惊慌不已，连忙夺下曹操手中的佩剑。然后纷纷跪下央求：『曹公，您身为全军统帅，壮志未酬，怎能了结性命？如果你被斩首，全军将士由谁来统率？当今天下又由谁来统一？』

曹操听了部下劝慰，长叹一口气，恳切地说：『我虽然不能斩首，但一定要受刑。』说罢，又夺回佩剑，抓住自己的头发，割下了一大把，扔在地上，以代斩首。

全军将士十分钦佩曹操严于律己的精神，于是更加自觉地遵守纪律。不久，曹操率领这训练有素、军纪严明的二万精兵，一举击败袁绍的十万大军，取得了官渡之战的最后胜利。

可以说，曹操正是『行于大道』的典范，他治军以百姓利益为重，同时又以人人平等的军令来约束自己，如此得道之人，岂能不取得胜利？

第五十四章

题解 老子在这一章中讲述了修身之道。

老子的观点很容易让我们想到儒家的『格物、致知、诚意、正心、修身、齐家、治国、平天下』的修身过程；也很容易让我们想起《孟子》里说的『老吾老以及人之老，幼吾幼以及人之幼』的理想状态；更容易让我们想起《中庸》里描述的『大同社会』：『大道之行也，天下为公，选贤与能，讲信修睦。故人不独其亲，不独其子。使老有所养，壮有所用，幼有所长，鳏寡孤独废疾者皆有所养……』我们可以看到，在如何修身以及对大同世界的理想方面，道家和儒家是有很多相似之处的。

原文 **善建者不拔①，**○河上公《老子章句》：建，立也。善以道立身立国者，不可得引而拔之。○王弼《道德真经注》：固其根而后营其末，故不拔也。**善抱者不脱②，**○王弼《道德真经注》：不贪于多，齐其所能，故不脱也。○王夫之《老子衍》：吕吉甫曰：抱神以静。彼朋『抱』，则此朋『脱』。**子孙以祭祀不辍③。**○韩非子《解老》：为人子孙者，体此道以守宗庙，不灭之谓『祭祀不绝』。○王弼《道德真经注》：子孙传此道以祭祀则不辍也。**修之于身④，其德乃真；修之于家，其德乃余；**○王弼《道德真经注》：以身及人也，修之身则真，修之家则有余，修之不废，所施转大。○王夫之《老子衍》：以善建善抱者修之。**修之于乡，其德乃长；修之于国，其德乃丰⑤；修之于天下，其德乃普⑥。**○河上公《老子章句》：

修道于乡，尊敬长老，爱养幼少，教诲愚鄙。其德如是，乃无不覆及也。修道于国，则君信臣忠，仁义自生，礼乐自兴，政平无私。其德如是，乃为丰厚也。人主修道于天下，不言而化，不教而治，下之应上，信如影响。其德如是，乃为普博。**故以身观身，以家观家，以乡观乡，以国观国，以天下观天下。**〇韩非子《解老》：修身者以此别君子小人，治乡治邦莅天下者各以此科适观息耗，则万不失一。〇王弼《道德真经注》：彼皆然也。以天下百姓心观天下之道也，天下之道，逆顺吉凶，亦皆如人之道也。**何以知天下然哉⑦？以此。**〇河上公《老子章句》：老子言，吾何知天下修道者昌，背道者亡。以此五事观而知之也。〇陈致虚《道德经转语偈》：观乡观国观天下，积德修身道有余。善建亦知宜善抱，倚需得溥自安居。

注释 ①建：建树，建立。不拔：不可拔掉、拔除。②抱：抱持，有牢固的意思。③子孙以祭祀不辍：以，因……缘故。辍，停止、断绝。子孙因此而祭祀不绝了。这里指他的事业长盛不衰。④修：修德。⑤丰：广大。⑥普：普遍。⑦然：这样。

译文 一个善于建功立业的人，其统治不易被动摇；一个善于抱持事业的人，他所坚守的东西就不容易脱落。一个人如果既能够建立起一份事业又能够坚守住这份事业，那么子孙就能够因此而不断地传承。修道于一身，他的德才会纯真；修道于一家，他的德才会充裕；修道于一乡，他的德才会绵延；修道于一国，他的德才会丰厚；修道于天下，他的德才会普照万物。因此，以自身的情况去观照别人的情况，以自己家的情况去观照别人的家庭情况，以自己乡里的情况去观照别的乡里的情况，以自己国家的情况去观照别的国家的情况，以现今之天下观照未来天下的情况。我怎么会知道天下的情况之所以如此呢？就是因为我用了以上的方法和道理。

讀解心得 在这一章中，老子为人们指出了观察世界的方法，即本章结尾处老子所言『何以知天下』的方法。

老子所提出的认识方法与我们今天的科学分析方法有很大的不同。老子采取了一种由内到外的整体认知策略。

中国传统思想理论，无论是

庐山图

老子所言『何以知天下』的观察方法，简单而智慧。这个道理其实就是我们经常吟诵的一句诗句：不识庐山真面目，只缘身在此山中。

《周易》还是《道德经》，其中都包含了古圣先贤对于事物之间具有普遍联系的认同。老子所提出的『以身观身』，就是说要把『身』这一对象当作一个整体来看待，这就减少了外界的干扰和不必要的误差。后来庄子提出的『收视返听』的方法，就是要把平时外放的精神汇聚起来，抑制游思杂念的蔓延，保持心无杂念，以此才能观察事物的本质。

老子进而把这种整体性认识方法推广开来，认为观察事物要站在一个与之相对应的立场之上，通过一种比较适合的方法来实现目标。这就是『以身观身，以家观家，以乡观乡，以邦观邦，以天下观天下』，即要以『身』的角度来观察『身』，以『家』的角度来观察『家』，进而以『天下』的角度来观察『天下』，这样观察才不会被主观所影响。以此法修『道』，才能达到『善建者不拔，善抱者不脱，子孙以祭祀不辍』的状态。

由此我们可以看出，老子是以符合『道』的方法来认识事物的。『道』无所不在，人也应当保持敏锐的状态，接收来自各个方面的信息，以此来保证观察结果的正确性。

經典事例

绝缨会

楚庄王在位时，有一次率兵攻打陆浑时，大臣斗越椒乘机起兵谋反。楚庄王得到报告后，立即带兵回国平叛。斗越椒武功高强，箭法超群，因此楚庄王接连打了几个败仗，还险些被斗越椒射死。后来，他手下一个善于射箭的军官一箭射死了斗越椒，这才平息了这场动乱。

平叛后，楚庄王在宫廷大摆宴席庆贺胜利，他说『现在叛贼死了，国家平安，我们今天这个宴会就叫「太平宴」，请大家尽兴！』大家一听非常高兴，边吃边喝，有说有笑，直到日落西山，仍余兴未尽。

楚庄王看到天黑了下来，就命人点上蜡烛，还让深受自己宠爱的妃子许姬，给在座的大臣们敬酒。忽然，一阵风吹进，蜡烛被吹灭了。这时，席中有一个人，见许姬美若天仙，就借着酒兴，在一片漆黑当中伸手抓住许姬的衣袖，许姬大惊失色，连忙把袖子扯回，同时伸手把这个人帽子上的缨花拔了下来，吓得这个人赶紧放开了手。

许姬手持缨花来到楚庄王跟前，说：『我去给众大臣敬酒，没想到竟然有人对我无礼，趁黑抓我的衣袖。我已经拔下了这个人头上的缨花，一会儿只要蜡烛一亮，您就知道这个人是谁了。』楚庄王听完不但没动怒，还对大臣们说：『今天在宴会，大家都把帽子摘下来，喝个痛快！』等到所有人都把帽子摘下来，楚庄王才命人把蜡烛点燃。这样，是谁拉扯许姬的衣袖就不得而知了。

宴会散了以后，许姬责怪楚庄王没有追究那个扯她衣袖的人，庄王笑着说：『酒后失态，乃人之常情。今天我就是要图个高兴，如果因为这点小事而惩罚了那个人，就会伤到大臣们的心，这也就违背了我今天举办宴会的本意。你就不要介意了。』许姬听了，暗自赞叹楚庄王的宽广胸怀。

这就是历史上有名的『绝缨会』。

后来，楚庄王又率兵攻打郑国，他任命连尹襄老为先锋。先头部队即将出发时，副将唐狡对连尹襄老说：『我愿意率领部下百名，提前一天出发，为大军开路。』连尹襄老马上答应了唐狡的请求。

唐狡率领一百多人，一直攻到郑国城下，为楚国的胜利立下了大功。楚庄王听说此事，就把唐狡召来，要重重奖赏他，唐狡说：『大王当初有恩于我，我做的这些都是为了报答您的。』楚庄王听了感到很奇怪，就问：『这话怎么讲？』唐狡回答：『当初在太平宴上，扯许姬衣袖的那个人就是我，感谢大王的不杀之恩，因此我今天舍命相报。』

庄王听了万分感动，要重重提拔唐狡。可是当天晚上，唐狡就不知去向了。楚庄王知道后，叹息道：『唐狡真是一位有骨气的义士！』

楚庄王以他的宽容获得了部下的尊重，正是『以身观身』的典范。正因为如此，他才从中得到了利益，所谓『善建者不拔』，就在于此。

第五十五章

【题解】本章借『赤子』的意象来宣扬老子『无为』的处世哲学。

在《道德经》中，老子经常借婴儿的形象来表达他对世道人心返璞归真的期待，他认为能真正领悟『大道』的人一定也是怀着『赤子之心』的人，一个真正领悟『大道』的人也是一个回到婴儿般初始状态的人。本章最后仍然延续了老子辩证法思想的风格，提出『物壮则老，谓之不道，不道早已』。一个事物太强壮了必然会很快衰老，这样就不符合『道』，不符合『道』的事物自然会很快灭亡。

【原文】**含德之厚，比于赤子①。毒虫不螫②，猛兽不据③，攫鸟不搏④。**○王弼《道德真经注》：赤子无求无欲，不犯众物，故毒虫之物无犯之人也。含德之厚者，不犯于物，故无物以损其全也。**骨弱筋柔而握固⑤，未知牝牡之合而朘作⑥，精之至也。**○河上公《老子章句》：赤子筋骨柔弱而持物坚固，以其意（专而）心不移也。赤子未知男女会合而阴阳作怒者，由精气多之所致也。**终日号而不嗄⑦，和之至也⑧。**○河上公《老子章句》：赤子从朝至暮啼号声不变易者，和气多之所至也。○王弼《道德真经注》：无争欲之心，故终日出声而不嗄也。○唐玄宗《御注道德真经》：终日啼号而声不嘶嗄，犹纯和之至，此赤子之全和也。**知和曰常⑨，知常曰明。益生曰祥⑩，心使气曰强⑪。**○王弼《道德真经注》：物以和为常，故知和则得常也。不皦不昧，不温不凉，此常也。无形不可得而见，曰明也。

生不可益，益之则夭也。心宜无有，使气则强。○王夫之《老子衍》：求益其生，是为灾祥。气自精和，使之刚躁。**物壮则老⑫，谓之不道，不道早已⑬。**○唐玄宗《御注道德真经》：凡物壮极则衰老，故戒云矜壮恃强，是谓不合于道，当须早已。○陈致虚《道德经转语偈》：赤子何知鸟不攫，未知牝牡而朘作。益生使气要长存，岂但筋柔而固握。

注释 ①含德之厚，比于赤子：含有深厚的『德』的人，比得上初生的婴儿。赤子，指初生的婴儿。②毒虫：指蝎、毒蛇之类。螫：毒虫用尾端刺人。③据：兽类用足爪抓物。④攫鸟：用脚爪取物如鹰隼一类的鸟。『攫』字的用法与『毒虫』的『毒』的用法一样，形容凶恶的物类；『猛兽』的『猛』亦如此。⑤握固：把握得很牢固。⑥牝牡之合：指男女的交合。朘作：婴孩生殖器勃起。⑦嗄：哑。⑧和：指阴阳调和。人的身体阴阳调和才能健康，阴盛则生寒疾，阳盛则生热疾。⑨常：人类天性的自然规律。⑩益生：纵欲贪生。祥：古时用为吉祥，有时也用为妖祥、不祥。这里指妖祸、妖孽。⑪心使气：欲望支配精气。强：逞强。⑫壮：强壮。⑬已：完结、死亡。

譯文 德行深厚的人，就像刚刚出生的婴儿。毒虫不会去咬他，猛兽不会去侵犯他，凶恶的鸟不会去袭击他。初生的婴儿虽然骨弱筋柔，拳头却握得很牢固；虽不知男女交合之事，但小生殖器却能时常勃起，这是因为精力充沛之极的缘故；他整天大声啼哭却不会声嘶力竭，那是因为和气敦厚之极的缘故。懂得取态柔和的道理就叫做『常』，懂得『常』的道理就叫做明于道。贪生纵欲会遭遇不详，欲念主使精气就叫做逞强。万物强壮到极致就会趋于老化，这就是不合于『道』的缘故，不合于『道』的事物总是会过早地灭亡。

讀解心得 本章具体讲述了『德』的强大功能。

『含「德」之厚，比于赤子』仅八个字，就包含了至少两方面的内容。

其一，『德』是天地万物兴衰荣辱的关键所在，顺『德』者昌，逆『德』者亡。既然有了『含「德」之厚』者，那么必然有与之对应的『含「德」之「薄」』者，二者既然对立，那么其结局必然相反。可见，『德』虽然以『无为』治世，但行事是否符合『德』的要求，完全取决于个人，其结果也需要个人来承担。

其二，老子一再强调当时社会『大道』已废，社会上的一切对立观念，诸如善恶、美丑、尊卑等，都是无『道』的表现。真正的『道』，存在于远古时代，人们无知无欲，不懂得区分所谓的『善恶』、『美丑』。正如老子所说的『天下皆知美之为美，斯恶已；皆知善之为善，斯不善已』，人们懂得了『美』和『善』，就意味着『丑』和『恶』已经产生了。所以老子认为，源自于『道』这一母体的事物，只有在未受外界影响之前，才能守持住真正的『道』和『德』，实现真正的阴阳和谐，这就是『万物负阴抱阳』的道理。在这句话中，老子之所以用初生的婴儿来与『厚德』者作比较，

婴孩洗浴图

老子常借婴儿形象表达对世道人心返璞归真的期待，他认为能够真正领悟『大道』的人一定是一个怀着『赤子之心』的人、一个回归到婴儿般初始状态的人。

骨弱筋柔而握固

人之生也柔弱，其死也坚强。草木之生也柔脆，其死也枯槁。

就是因为世俗之人已经沾染了现实社会的种种污浊，已不具备培养『厚德』的条件，只有刚刚出生的婴儿，才能保持至纯至真的原生态，从而积累出『厚德』。

老子在全书中不止一次地讲到他对于貌似柔弱的新生事物的向往，如『我独泊兮其未兆，如婴儿之未孩』、『人之生也柔弱，其死也坚强。草木之生也柔脆，其死也枯槁』。这些事物是『道』产物（万事万物都是如此），秉承了『德』的品性，不掺杂任何污浊之物，具有极为强大的生命力，因而『骨弱筋柔而握固』并且『精之至』。同时，也因为这种纯净，使得这些事物在发展过程中能够排除干扰，自觉地遵循正『道』，从而显示出超乎寻常的强大生命力。

老子从哲学的高度解释了婴儿『未知牝牡之合而朘作』以及终日啼哭而声音不哑的

原因就在于他不仅『精之至』，而且『和之至』，这构成了本章的核心思想，再次深入阐释了老子『和谐』观。老子所崇尚的和谐，属于矛盾的同一性，是对立双方彼此消长以致平衡的结果。《周易》中的『一阴一阳之谓道』就体现了这种哲学思维。如果我们把『和谐』作为一个哲学范畴，那么，就可以将其内涵界定为：各种事物以及事物之中各方面要素的相互适应、协调以及融洽，是一种达到了适度的比例关系的稳定状态，是事物发展的理想状态。

老子强调和睦不争，他排斥物欲，认为超功利的『无为』途径是正确的修身之道。他从反面论述了不合于『道』的『有欲』之害，即『益生曰祥，心使气曰强。物壮则老，谓之不道，不道早已』。过分强硬、贪婪终会遭灾，历史上这样的例子比比皆是，著名的暴君晋灵公就是一例。他残暴成性，喜欢在高台上用弹弓射下面的行人，观看人们躲避弹丸的样子。一次，他厨师做的熊掌没有炖烂，他就将厨师杀死。他手下的重臣赵盾多次劝谏，可晋灵公置若罔闻，后来还以请赵盾饮酒为名欲意谋杀，事败后，赵盾出逃，不久，晋灵公就被手下人所杀。

可见，一味追求『霸道』的人是背离『正道』的，最终只有死路一条。无论从事何事，只有保持它的均衡、和谐的态势，才能使事物的稳定性得以维持，进而实现发展。这就是老子哲学对我们今天所倡导的和谐社会理论的启示。

經典事例

曹刿论战

公元前684年春天，齐桓公自恃实力强大，不顾管仲的劝阻，决定讨伐鲁国，以报复鲁国当初支持齐国公子纠复国的仇怨。鲁庄公听说齐军大举进犯，决定发动全国的力量，与齐军决一死战。

就在鲁庄公准备出兵应战的时候，一直隐居的曹刿认为当政者庸碌无能，缺乏谋略。为了避免自己的国家遭受齐军的蹂躏，他就进见鲁庄公，请求参与战事。

曹刿向鲁庄公询问：鲁国凭借什么同齐国作战。鲁庄公说：『对于衣物、食品这类维持生活的东西，我总要分赐给臣下，不敢一个人独享。』曹刿说：『这不过是小恩小惠，没有惠及全国，人民是不会尽力作战的。』鲁庄公又说：『我对神明是非常虔诚的，祭祀天地的祭品从来不敢虚报。』曹刿又说：『对神明守小信，不一定能感动神明，神明也不会因此降福的。』鲁庄公想了一下又说：『我对待民间的大小狱讼案件，虽然做不到明察秋毫，但是必定亲自按律处理。』曹刿这时才说：『为百姓办事，这才算尽到了君主的职责，凭这一点可以与齐国决一胜负了。』他还请求随同鲁庄公一起奔赴战场，鲁庄公答应了他的请求，让他与自己同乘一辆车赶奔长勺。

两军在长勺摆开了决战的阵势。鲁庄公准备下令擂鼓进军，以先发制人。曹刿连忙阻拦，建议鲁庄公坚守阵地，伺机破敌。鲁庄公接受了他的建议，暂时按兵不动。而此时齐军求胜心切，凭借兵力上的优势，首先向鲁军发起猛攻。他们接连三次擂鼓出击，但是都在鲁军严密的防守之下被挫败，不但没有达到先发制人的目的，反而使自己斗志沮丧。

曹刿见时机成熟，就建议鲁庄公果断反击。于是鲁庄公传令鲁军全线进攻。鲁军凭借着高昂的斗志，一鼓作气，势如闪电般冲向敌人，一下子冲垮了齐军的车阵，大败齐军。鲁庄公见齐军败退，就想下令追击，可是又被曹刿所阻拦。曹刿跳下车，在地上仔细察看，发现齐军车辙紊乱；然后又登车远望，看到齐军的旗帜东倒西歪，他由此判断出齐军的溃败不是伪装的，这才让鲁庄公趁势追击。这样，鲁军进一步重创齐军，把他们赶出了鲁国国境，长勺之战以鲁军的胜利而告终。

战后，鲁庄公询问鲁军取胜的原委。曹刿答道：『打仗所凭恃的就是勇气。第一次击鼓冲锋时，士气最旺；第二次击鼓，士气就有所衰退了；到了第三次击鼓，士气就完全消退了。齐军冲锋三次，士气已经耗尽，而我军士气正旺，这时反击，自然可以一举打败齐军。』接着，曹刿又解释了没有立即发起追击的原因：齐国毕竟是个大国，实力不可小视，因此要防范他们假败，以免鲁军遭遇埋伏。后来看到齐军的车辙紊乱，旌旗歪斜，这才敢建议国君实施追击。曹刿的一番话使鲁庄公心悦诚服。

后来从这个故事中产生了一个成语叫『一鼓作气』，就是指做事应当趁着最初的气势尽快做完。由此可见，事物发展的初始阶段是极为重要的，正像老子眼中的婴儿一样，『骨弱筋柔而握固』。战场上，『再而衰，三而竭』的一方，过早耗费了精力，导致战斗力消失殆尽，正可谓『物壮则老』。

第五十六章

题解 老子认为真正的智者应该像本章中描述的那样，『塞其兑，闭其门，挫其锐，解其分，和其光，同其尘』。在老子看来，真正的『智者』是不会徒劳地对人们进行说教的，而是通过自我修养，排除干扰，不露锋芒，超脱纷争，韬光养晦，混同尘世，不分亲疏、利害和贵贱，豁达大度对待一切人和事，这样也就达到了所谓『玄同』的境界。实际上我们可以看到，这是老子对统治者寄予的希望，他希望统治者也能够是这样的『智者』，这种统治才合于『大道』，才是最珍贵的。

原文 **知者不言，言者不知。**○王弼《道德真经注》：因自然也。造事端也。○王夫之《老子衍》：非特不使人窥其喜怒，亦且使道无间于合离。**塞其兑，闭其门，挫其锐，解其纷，和其光，同其尘，是谓玄同①。**○王弼《道德真经注》：含守质也。除争原也。无所特显则物无所偏争也。无所特贱则物无所偏耻也。○明太祖《御注道德真经》：又塞、闭、挫、解、和、同，此六字，前三字言不张声势，后三字言谦下也。所以谓之玄同，言此几事皆属玄也。**故不可得而亲，不可得而疏；不可得而利，不可得而害；不可得而贵②，不可得而贱。故为天下贵。**○王弼《道德真经注》：可得而亲，则可得而疏也。可得而利，则可德而害也。可得而贵，则可得而贱也。无物可以加之也。○陈致虚《道德经转语偈》：闭门塞兑得嬴金，电掣星飞何处寻。便遣那吒千手眼，不知佛殿有观音。

注釋 ①玄同：玄妙的『同一』境界，也就是『道』的境界。②贵：动词，尊重的意思。

譯文 真正有大智慧的人从来不随便说话，总是随便说话的人不是真正的智者。挫去锋芒，解脱纷争，收敛光耀，混同尘世，这就是深奥玄妙的『同一』境界。正是因为不能进入这个境界，所以才会产生远近和疏远，所以才会有利益和损害，所以才会分出高贵与低贱。所以，只有真正的智者（合于『道』的人）才是天下最可贵的人。

讀解心得 『知者不言，言者不知』历来被人们奉为放之四海而皆准的处世之道。老子所说的这句话，对全章起到了一个统领作用。『知者』之所以『不言』，正呼应了第一章所说的『道可道，非常道』，本章旨在探寻一条使人生通往和谐的『大道』。

老子主张『塞其兑，闭其门』，从这一点来看，他是主张『出世』的。王国维在《人间词话上》中说：『词人者，不失其赤子之心者也，故生于深宫之中，长于妇人之手，是后主（李煜）为人君所短处，亦即为词人所长处。』在他看来，李煜自幼生长在深宫之中，不谙世事，这对于一位君主来讲，是极大的不足；然而，李煜也因此避免了被世俗所影响，从而保持了一位词人的『赤子』之心。

老子在《道德经》全书中反复论述了『无为』之『道』，他提出了『挫其锐，解其纷，和其光，同其尘』的观点，把『道』的特征引申到人生上来。这为世人指出一条在现实社会安身立命之法，即不露锋芒，无所欲求，化解而不是引起纷争，与世间的一切事物和谐共处但不受污染，从而以简单之法行修身之道。由『和其光，同其尘』引出的成语『和光同尘』被很多人理解为一种消极的处世原则。如果我们把自己放在当时那样一个诸侯争霸、战乱不止的历史环境之中，就会觉得『和光同尘』这种境界的高妙之处。除去其中的杂质，我们可以将其理解为韬光养晦，而在历史上，因奉行此道而保全性命的大有人在。『小隐隐于野，中隐隐于市，大隐隐于朝』，『大隐』之人，就是把内心的『隐』融合在它的对立面—『朝』中，并在一种看似不和谐的环境下得以长存。

荷

荷，出淤泥而不染，濯清涟而不妖。正是『和光而不污其体，同尘而不渝其贞』的境界。

列子

列子，名寇，战国前期思想家，继老庄后又一道家思想代表人物。后汉班固《艺文志》道家部分录有《列子》八卷。《列子》又名《冲虚经》，是道家重要典籍。

在老子看来，人世间的亲疏远近、尊卑贵贱都是由于人们不得此『道』而引起的。世界本是一个混溶的整体，只因『大道废』，才有善恶、美丑的分别，而在这些对立中保持原初的和谐，才是为人之道。

經典事例

列子御风

列子是战国时期的传奇人物。传说他能乘风而行，一飘就是半个多月。那种自由自在的境界，令许多人羡慕不已。有不少人都想拜他为师，但却从来没人学会过。

有一个叫尹生的年轻人听说列子有乘风之术，十分向往，于是背着粮食、柴草去找列子，跟列子住在一起，每天从早到晚帮助列子打柴做饭。尹生一住就是好几个月，从来不回家探亲，为的就是抽空向列子请教乘风之术。

可是几个月过去，尹生多次向列子探问，可列子从不开口。尹生很气愤，认为列子为人心胸狭窄，不愿将绝技传授给他人，于是告别列子，回家了。列子一句挽留的话没有，任他离去。

尹生回到家以后，前思后想觉得自己做的不对。他知道列子是个十分豁达的人，饥者求食，他把自己仅有的一碗饭分出一半；寒者求衣，他把身上的衣服剥下一层。如此看来，对于乘风之术，他不会密不传人。自己数次求问而不回答，其中一定有道理。尹生想到这里，后悔自己不应该如此轻率地离开列子。于是他又重新背上粮柴，二次拜师。

列子看见尹生去而复返，就问道：『你才走了几天，怎么又回来了？』

尹生跪拜答道：『学生先前嫌先生不教授我乘风之术。我回去一想，先生不教自有不教的道理，所以我特地来向先生请罪，希望先生能收下我。』

列子听完长叹一声，说：『你在我这里学习了几个月，我天天都在向你传授。可你却要回家，我原本以为你已经领悟了大道的奥妙，所以没有阻拦你。今天看来，你不但没有领悟，甚至还没有入门，实在叫人感到遗憾。』

尹生心生疑惑，不明白列子说的是什么意思，就问道：『几个月来先生一言不发，又为什么说天天向我传授？』

列子说：『既然你这样不聪敏，那我就只好口头传授了。乘风之术本来就不能用语言来表述。如果用语言传授，表面上看，好像说得很明白，可实际上离「道」会越来越远，只有沉默不语，才能逐渐领会它。』

列子停了一下接着说：『当初我跟随老商先生学习乘风之术。三年之中，老商先生一语不发。我虚心静气，安神养精，三年之后，达到了心中不敢有是非之念、口中不敢有利害之言的境界。这时，老商先生才破例斜着看我一眼。就这样，我又修练了两年，达到了心中敢念是非、口中敢言利害的境界。这时，老商先生才破天荒地向我微笑了一下。接着，我又修练了两年，达到了随心所想但心中无是非、随口所言而言中无利害的境界。这时，老商先生才肯让我与他并肩而坐。我又修练了两年，达到了放纵心思，让思想任意遨游；放纵口舌，让语言任意驰骋的境界，而所说所想的是什么连我自己都不知道。我不知道我的是非利害是什么，也不知道别人的是非利害是什么。我也不清楚老商先生和我究竟谁是谁的老师。我的身体内外，一切都好像没有区别了。眼睛仿佛是鼻子，鼻子仿佛是嘴，没有什么区别。我的骨肉好像已经消融了，不知道自己的身体究竟倚仗着什么，也不知道自己的双脚站立在何处，只觉得自己在随风飘荡，就像没有感觉的树叶一样，弄不清楚究竟是我乘风飘荡还是风乘我飘荡。』

列子见尹生听得入了迷，就说：『你在我这里学习不过几个月，就有了那么多的怨愤，这怎么行呢？怨愤是由人与人之间的界线产生的。人之所以产生怨愤，就是因为他觉得别人有对不起自己的地方，这样，他就会在自己和别人之间划出界线。怨愤越大，这条界线也就越深。而界线越深，自己和他人就越难以融洽相处。难以融洽相处，气就不能容纳你的身体，地也不能承载你的双脚，要实现乘风而行当然无从谈起了。』

这则寓言中，列子先是用乘风之术不可言传来阐述『知者不言，言者不知』的内涵，然后以自己悟『道』的体验来说明如何达到『玄同』的境界。在他看来，世俗之人由于没有达到『和其光，同其尘』的境界，而使自己与外物像分离，这就不可能实现乘风而行，只有摆脱世间一切纷争与差别的影响，才能与自然融为一体。这正是老庄哲学之中方法论的体现。

第五十七章

题解 这一章，老子集中论述他的『无为而治』的政治主张，老子通过自己对社会现象的观察和思考描绘出了他的『治国蓝图』。在老子看来，社会上出现混乱局面的根本原因是统治者过多地运用统治手段干扰了原本应该正常的社会秩序，所以老子提出『以无事取天下』的观点。老子的这种治国思想并不被历代大多数的统治者所看好，但是这种『无为而治』的思想通常会在每个朝代开国之初发挥巨大的作用，著名的『约法三章』、『萧规曹随』等故事就是在这种思想的背景下发生的。

原文 **以正治国①，以奇用兵②，以无事取天下③。**〇王夫之《老子衍》：天下有所不治，及其治之，非『正』不为功。以『正』正其不正，恶知正者之固将不正邪？故『正』必至于『奇』，而治国必至于『用兵』。夫无事者，正所正而我不治，则虽有欲为奇者，以无猜而自阻，我乃得坐而取之。**吾何以知其然哉？以此④：天下多忌讳⑤，而民弥贫⑥；**〇河上公《老子章句》：此，今也。老子言，我何以知天意然哉，以今日所见知（之也）。天下谓人主也。忌讳者防禁也。今烦则奸生，禁多则下诈，相殆故贫。**民多利器⑦，国家滋昏⑧；**〇河上公《老子章句》：利器者，权也。民多权则视者眩于目，听者惑于耳，上下不亲，故国家昏乱。〇王弼《道德真经注》：利器，凡所以利己之器也。民强则国家弱。**民多伎巧⑨，奇物滋起⑩；**〇宋徽宗《御解道德真经》：伎巧胜则人趋末，而异服奇器出以乱俗。〇明太祖《御注道德真经》：王昏多尚技巧，务虚不务国之正实，则献奇物朝朝。**法令滋彰⑪，盗贼多有。**○王弼《道德真经注》：立正欲以息邪，而奇兵用多；忌讳欲以耻贫，而民弥贫；利器欲以强国者也，而国愈昏多。皆舍本以治末，故以致此也。○王夫之《老子衍》：彼多动多事者则不然，曰『治者物之当然，而用兵者我之不得已也。』**故圣人云：『我无为而民自化⑫，我好静而民自正，我无事⑬而民自富，我无欲⑭而民自朴。』**○王弼《道德真经注》：上之所欲，民从之速也。我之所欲，唯无欲而民亦无欲自朴也。此四者，崇本以息末也。○王夫之《老子衍》：方与天下共居其安平之富，而曰不得已，是谁诒之戚哉？故无名无器，无器无利，无利无巧，无巧则法无所试。故欲弭兵者先去治。

注释 ①正：正常平易的方法，也就是『清静』之道。②奇：出奇诡秘的计谋。③无事：即无为。取天下：治理天下。④以此：根据这些。指下面一段文字。⑤忌讳：禁令。⑥弥：越、更加。⑦利器：指武器。⑧滋：越、更加。⑨伎巧：技巧智慧。⑩奇物：邪恶的事。⑪彰：明白。⑫自化：自我化育，自然顺化。⑬无事：无所事事，此主要指不去搅扰、干涉百姓。⑭无欲：不贪、没有贪欲。

譯文 用清净无为之道治理国家，用出奇制胜的谋略用兵，以不干扰百姓的方法来治理天下。我凭什么认为是这样的呢？就是根据当今的现状：天下的禁令越多，人民就越贫困；民众的武器越多，国家就越混乱；人们的技巧越多，邪恶之事就会层出不穷；法令越繁苛森严，盗贼就越来越多。所以圣人说：『我无为而治，民众自然会和谐；我喜欢清静，民众自然会端正；我不无事生非，民众自然会殷实富足；我不贪得无厌，民众自然会淳朴自然。』

讀解心得

人们历来认为，儒家学说是真正有利于国家政治的学问，道家思想则与统治者的心理格格不入。事实上，老子倡导的『无为而治』是完全可以被政治家们所借鉴的。本章中，老子将『无为』思想引入了政治领域，试图通过『有为』和『无为』的对比来凸显『无为而治』的意义。

老子开篇就提出了『以正治国，以奇用兵，以无事取天下』的执政纲领。

老子主张统治者应当以清正廉洁、大公无私的贞正态度治理国家，这与儒家学说有着很多相同点。孔子认为『为政以德，譬如北辰，居其所而众星共之』（《论语·为政》），并发出过『吾未见好德如好色者也』（《论语·子罕》）的感慨。而老子则更为彻底地把这种『正』解释为『无为』、『无欲』。在军事领域，他主张出奇制胜。司马迁曾说过：『富者必用奇胜』，《孙子兵法》也强调了『避实而击虚』『以正合，以奇胜』的战术思想。老子把这看成是遵循『道』的表现，历史上以少胜多、以弱胜强的战例都说明了这一道理：真正的勇武在于以最小的代价换取最大的胜利。从古至今，政权的争夺都是靠武力来完成的，而老子却主张『以无事取天下』，这当然不能完全做到，但是，老子提出的『以奇用兵』则可以最大程度上减少战争带来的祸患。

赵匡胤

赵匡胤为宋朝第一代皇帝，其父赵弘殷，曾是后唐、后晋、后汉、后周四代王朝的禁军将领。少年时的赵匡胤，《宋史》评之为『既长，容貌雄伟，器度豁如，识者知其非常人。』

马陵伏弩

孙膑

孙膑，战国著名军事家，用兵如神。在与庞涓对战时他因势利导，以逐日减灶之法迷惑庞涓，诱其弃主力步兵，仅以轻车锐卒追赶，齐军则以逸待劳，连车为垒，伏于马陵，大败魏军，杀庞涓。

在这方面，『弦高犒师』、『围魏救赵』都是极为经典的战例，在一定程度上就体现了老子的『无为』之道。

老子又以『天下多忌讳，而民弥贫；民多利器，国家滋昏；民多伎巧，奇物滋起；法令滋彰，盗贼多有』等弊端来做反例，认为天下的混乱来自于统治者的『有为』，统治者越是对人民强加干涉，就越会适得其反。只有做到『无为』、『好静』、『无事』、『无欲』，才能使天下百姓得到根本的治理。

経典事例

杯酒释兵权

宋太祖赵匡胤称帝后不到半年，就有两个节度使起兵反叛。宋太祖亲自带兵出征，经过一番苦战，才平定叛乱。

因为有了这件事情，宋太祖的心里总是不踏实。有一次，他找大臣赵普谈话，问他：『唐朝末年以来，在短短的时间里，更换了五个朝代，天下战乱不断，百姓生活在水深火热之中。这到底是为什么呢？』

赵普答道：『原因很简单。国家之所以混乱，问题就在于藩镇权力过大。如果把兵权都集中到朝廷，天下就会太平无事了。』宋太祖听了连连点头，认为赵普说得很好。

后来，赵普又向宋太祖献言：『统率禁军的大将石守信和王审琦这两人，兵权太重，还是让他们脱离禁军为好。』宋太祖笑着说：『你放心吧，这两个人是我的故交，他们不会反对我。』

赵普说：『我并不是担心他们本人叛变。依我看，这两个人管不住他们手下的将士。有朝一日，一旦下面的人闹起事端，恐怕他们也身不由己啊！』宋太祖恍然大悟，敲着自己的额角说：『多亏你的提醒。』

几天之后，宋太祖在宫中设宴，邀请石守信、王审琦等几位老将饮酒。

酒过几巡，宋太祖端起一杯酒，先请众将干了杯，然后说：『朕要不是有各位的帮助，也不会有今天的地位。但是你们哪里知道，当皇帝也有难处，倒不如做个节度使逍遥自在。实话对你们说，这一年来，朕就没睡过一个安稳觉。』

石守信等人听了以后十分惊奇，连忙问其中的缘故。宋太祖说：『这还不明白吗？皇帝这个宝座，谁不想得到呢？』

石守信等人听出话音来了。众将着了慌，连忙跪在地上说：『陛下怎么能够说这样的话呢？现在天下太平，哪个敢对陛下三心二意？』

宋太祖摇了摇头说：『朕对你们几位还信不过？只是怕你们部下将士当中，有人图谋不轨，把皇袍披在你们身上。到了那时，你们想不干，也身不由己了。』

石守信等人听到这里，顿时感到大祸临头，于是连连磕头，眼含热泪说道：『我们都是粗鲁的武夫，没有想到这一点，还请陛下指引一条明路。』

宋太祖这时说出了自己真实的想法：『依朕看，各位不如交出兵权，到地方上去做个节度使，置备田产房屋，给子孙后代留点家业，舒舒服服度过晚年，这不是很好吗？』

石守信等人齐声说：『陛下为我们想得太周到了！』

第二天一上朝，石守信等人都递上奏章，说自己年老体弱，请求辞官。宋太祖马上批准，收回了他们手中的兵权，赏给他们一大笔钱财，把他们派到各地去做节度使，后来，还与这些将领结为亲家。

这就是历史上有名的『杯酒释兵权』。

宋太祖收回朝中主要将领的兵权以后，重新建立了军事制度，他从地方军队当中挑选出精兵，成立禁军，由皇帝本人直接控制；各地的行政长官也完全由朝廷委派。宋太祖通过这些措施，使得新建立的北宋王朝政治局势开始稳定下来。

宋太祖『杯酒释兵权』，用巧妙的办法使众将心甘情愿地交出兵权，而没有引起哗变，以最『省力』的方式达到自己的目的，这就是老子所说的『以奇用兵』之道。宋太祖此举，使天下兵权集于皇帝一人之手，避免了『民多利器，国家滋昏』局面的出现，因此常常被后世政治家所称道。

第五十八章

题解 本章通过辩证法思想来谈人生、谈治国。和前面章节中的思想一脉相承，第一段话仍然是『无为而治』思想的体现。之后，本章提出了一个被历代学者反复引用的辩证法命题：『祸兮福之所倚；福兮祸之所伏。』这句话充分表现了老子的辩证法思想和他对人生的思考。灾祸中蕴藏着生机，完美中蕴藏着缺陷，这样的道理直到今天对我们仍然有着非常深刻的警示意义。最后，老子又用他最擅长的句式来描述『圣人』的处事方法：『方而不割，廉而不刿，直而不肆，光而不耀』。意思就是说，明智的人行于这个世上，要方正而不生硬，有棱角而不伤害人，直率而不放肆，光亮而不刺眼。老子在这里其实也在说一个现在很流行的观点：做人要低调一点。

原文 **其政闷闷**①，**其民淳淳**②；○河上公《老子章句》：其政教宽大，闷闷昧昧，似若不明也。政教宽大，故民醇醇富厚，相亲睦也。○王弼《道德真经注》：言善治政者，无形无名，无事无政可举，闷闷然，卒至于大治，故曰，其政闷闷也。其民无所争竞，宽大淳淳，故曰，其民淳淳也。**其政察察**③，**其民缺缺**④。○唐玄宗《御注道德真经》：政教察察，有为苛急，人则应之缺缺然而凋弊矣。○明太祖《御注道德真经》：亦言察察，谓苛政也。民多不足，此君之祸也。**祸兮福之所倚**⑤，**福兮祸之所伏**⑥。**孰知其极**⑦？**其无正**⑧。○王弼《道德真经注》：言谁知善治之极乎！唯无可正举，无可形名，闷闷然而天下大化，是其极也。〇王夫之《老子衍》：尝试周旋回翔于理数之交，而知其无正邪，彼察察然迓福而避祸者，则以为有正。**正复为奇，善复为妖。**〇河上公《老子章句》：奇，诈也。人君不正，下虽正，复化上为诈也。善人皆复化上为訞祥也。〇王弼《道德真经注》：以正治国，则便复以奇用兵矣。故曰，正复为奇。立善以和万物，则便复有妖之患也。**人之迷，其日固久。**〇河上公《老子章句》：言人君迷惑失正以来，其日已固久。〇王弼《道德真经注》：言人之迷惑失道，固久矣。不可便正善治以责。**是以圣人方而不割⑨，廉而不刿⑩，直而不肆，光而不耀⑪。**〇唐玄宗《御注道德真经》：圣人善化，不割彼而为方，不刿彼而为廉，不申彼而为直，不耀彼而为光，修之身而天下自化矣。肆，申也。〇陈致虚《道德经转语偈》：直而不肆极希夷，百尺竿头未是危。识得圣贤心地用，早应臭腐化神奇。

注释 ①其政闷闷：闷闷，昏昏昧昧，这里是宽容的意思。其政闷闷，国家的政治宽容。②淳淳：淳厚质朴。③察察：严密、苛酷。④缺缺：狡诈的意思。⑤祸兮福之所倚：倚，依傍。灾祸啊，幸福正依傍在它后面。⑥福兮祸之所伏：伏，隐藏。幸福啊，灾祸正隐藏在它后面。⑦极：极限、最后。⑧无正：即无定、没有定准。⑨方而不割：割，用刀刃伤害人。方正但不会伤害人。⑩廉而不刿：廉，锐利。刿，用刀尖刺伤。⑪光而不耀：耀，过分明亮。光亮但不刺眼。

译文 国家的政治不严苛，人民就会淳朴忠厚。国家的政治严酷黑暗，人民就会狡诈抱怨。灾祸啊，幸运的事情就包孕在它的里面；幸福啊，危机就藏伏在它的深处。谁能知道这究竟是祸是福呢？它们并没有固定的标准。正的随时可能转变为邪的，善的随时可能转变为恶的。人们已经迷惑很长时间了。因此有道的圣人处事方正而不伤人，有棱角而不刺人，直率而不放肆，明亮而不刺眼。

讀解心得 这一章中，老子继续探讨上一章中谈到的问题，认为统治者与民众之间的作用是相互的：如果统治者为政清明，待人宽容，那么其治下的百姓就会保持淳朴的民风，不会违法乱纪；而如果政治黑暗，刑罚苛刻，那么百姓的内心就会充满狡诈，社会治安必定会受到负面影响。这就是本章开篇提到的『其政闷闷，其民淳淳；其政察察，其民缺缺』所反映出来的事实。

在这里，老子以天下万物平等为基础，从根本上解释了统治者与民众的关系，即为『和谐』——二者之间本来地位是同等的，但由于统治者没有意识到这一点，因而将自己的发展驾驭在对民众的压迫之上，必然会加剧两极分化，而这种两极分化，实际上就是矛盾的加剧。这样一来，两个阶级就会增强对对方的的『仇视』程度，其结果只会使矛盾不可调和，最终使得二者之间爆发激烈的冲突。

紧接着，老子又提出了『祸兮福之所倚；福兮祸之所伏』的辩证观点。这似乎与上一句话没有什么逻辑上的联系，主要宣扬了世界的不确定性。在诸侯争霸的春秋时代，各国之间你争我夺，战场之上形势复杂多变，在这样的背景下，老子不由得对动荡的现实进行了反思，渴望从中找到一种稳定的『常道』来指导人生。但毕竟世事难料，谁都不可能准确无误地预测未来，因此，老子所提出的这一哲学命题历来被人们所称道。

在老子看来，矛盾的产生源于对立双方彼此之间的争夺，一旦矛盾积累到一定程度，那么势必会引发二者之间的冲突；而为了避免矛盾的激化，人们就应当及时地对自己的行为进行反思，尽快消除潜在的危险。而对于『圣人』来说，

陶渊明采菊

陶渊明，东晋著名诗人、辞赋家、散文家，世号靖节先生。早年曾几次出仕，于四十一岁时弃官归隐，后来一直过着躬耕隐居的生活。应和了老子倡导的『无为』思想。

他就应当时时刻刻保持住自身行为的『和谐』性。

由此我们可以看出，在老子眼中，『圣人』依『天道』而行，是可以把握并运用自然规律的；而常人（世俗之人）则由于受到现实的影响而不能认识到『物极必反』的道理，这样就决定了他终将走向失败。

陶渊明有过『觉今是而昨非』的感慨，洪秀全也有过盛极而衰的悔恨，人们陷于现实世界的名缰利锁之中，往往不能自拔，感官因此而被蒙蔽，只有摆脱这种束缚，才能清楚地反观自身的行为。然而，真正能够做到的又有几人？老子之所以能够清楚地认识到这一点，跟他所守持的『无为』之道大有关系，或许我们从老子身上，可以找到认识世界的方法。

經典事例

完璧归赵

战国时期，赵王得到了一块天下少有的宝玉『和氏璧』。秦王知道了这件事情以后，就写了封书信，派人去见赵王，说秦国愿意用十五座城池来换和氏璧。

赵王看了信之后，心里很犯难：要是不答应，怕秦国兴兵来讨伐；如果答应，又怕上当。他一时拿不定主意，就和大臣们商议。可是大臣们也想不出好办法来。

大夫蔺相如知道这件事以后，对赵王说：『大王，请让我带着和氏璧去秦国吧，到那以后我会见机行事。如果秦王不肯以十五座城池来交换，我一定会把和氏璧完完整整地带回赵国。』赵王知道蔺相如是个有胆有识的人，就派他去了。

蔺相如带着和氏璧到了秦国，秦王在王宫内接见了他。蔺相如双手捧着和氏璧，献给秦王。秦王拿过来左看右看，爱不释手。他看完之后，又传给群臣一个一个地看，然后又让后宫的美女们看。

蔺相如站在一旁等了许久，也不见秦王提起那十五座城的事，心里就知道秦王根本

蔺相如

蔺相如，赵人也，为赵宦者令缪贤舍人。运用其智慧和胆识完璧归赵，深得赵王赏识，遂为重用。

廉颇肉袒负荆

老将廉颇见蔺相如功高，在自己位置之上，颇为不满。因此百般刁难，后得知蔺相如为国家利益而百般避让自己，恨自己嫉贤妒能，遂负荆请罪，后二人成刎颈之交。

没有用城换玉的诚意。于是，他走上前去，对秦王说：『和氏璧虽然看着很不错，可是还有一点小毛病，请让我指给大王看。』秦王一听，信以为真，就立即命人把宝玉交给蔺相如。

蔺相如手持和氏璧后退了几步，身子靠在宫殿的柱子上，理直气壮地对秦王说：『当初大王派人送信给赵王，说愿意拿十五座城池来换赵国的和氏璧。赵国大臣们都劝赵王不要相信秦国骗人的话，而我却不这么想，我说普通老百姓尚且讲信义，更何况秦王您这位万乘之君。赵王听了我的话，这才派我带和氏璧过来。可是刚才大王把宝玉随便交给旁人传看，却闭口不提那十五座城池的事。如此看来，大王确实没有以城换玉的诚意。现在宝玉在我手中，如果大王非要逼我，我情愿让自己的头颅与这块宝玉一起撞碎在这根柱子上！』说罢，蔺相如举起和氏璧，对准柱子就要摔过去。

秦王本想命侍卫去抢，可又怕蔺相如真的把玉摔碎，于是连忙向蔺相如道歉，说：『大夫千万不要着急，我说出的话怎么能不算数呢！』说着就命人把地图拿来，指出十五座城的位置，并承诺将这些地方都划给赵国。蔺相如知道秦王不会真的拿城换玉，就对秦王说：『这块和氏璧是天下有名的宝物。我送它到秦国来之前，赵王曾经斋戒了五天，还在朝堂上举行了隆重的仪式。如今大王要接受这块宝玉，也应当斋戒五天，在朝堂上举行接受宝玉的仪式，只有这样，我才能把宝玉献给您。』秦王一口答应下来，然后就派人给蔺相如安排住处。

蔺相如到了公馆之后，就命一个随从乔装打扮，带着和氏璧，偷偷从小道回到赵国去了。

等到举行仪式那一天，蔺相如见了秦王，大大方方地说：『我已派人把和氏璧送回赵国去了。您如果真有诚意的话，就先把十五座城池交给赵国，我马上派人把璧取来，决不食言。不然的话，您杀了我也没有用，天下人都知道你们秦国是从来不讲信用的！』秦王听了恼羞成怒，本想发兵攻打赵国，可是他知道赵国早已有了准备，怕打不赢，最后只好放蔺相如回到赵国。这件事情就是历史上著名的『完璧归赵』。

蔺相如在对秦外交方面的成功之处就在于他『方而不割，廉而不刿，直而不肆，光而不耀』。他对秦王的态度不卑不亢，论辩时有理有据，既维护了赵国的尊严，又让秦王无话可说，最终还实现了自保，这正是智者的风范。

第五十九章

题解 本章提出了『啬』的治国养生方法。在一般人看来，『啬』可不是什么值得炫耀的性格特点，但是在老子看来，『啬』则是非常好的养生的方法。

这里的『啬』实际上不完全是我们通常意义上所理解的『吝啬』，它不仅仅是对自身拥有的物品的爱惜怜惜，更多地是指精神上心理上的积蓄。在这里，老子认为精神上的积蓄就是『德』的积蓄。作为统治者，『德』的积蓄可以使国家长治久安；作为具体的个人，『德』的积蓄可以使自己长生不老。也就是说，无论是统治者还是普通人，既有『德』，又合『道』，这样做才能长久。

老子的《道德经》中在养生方面提出很多建设性的意见，这一点在道家的又一个经典《庄子》中得到了更大的发挥，《庄子》中单列一篇叫『养生主』，里边对如何养生，如何更大的发挥自身的价值论述的更加详尽，这就是后来人所谓的道家的处世哲学。

原文 **治人事天①，莫若啬②。**〇王弼《道德真经注》：莫若，犹莫过也。啬，农夫，农人之治田务，去其殊类，归于齐一也。全其自然，不急其荒病，除其所以荒病，上承天命，下绥百姓，莫过于此。**夫唯啬，是谓早服③；**〇河上公《老子章句》：早，先也。服，得也。夫独爱（惜）民财，爱（惜）精气，则能先得天道也。〇王弼《道德真经注》：早服，常也。**早服谓之重积德④；**〇河上公《老子章句》：先得天道，是谓重积得于己也。〇王夫之《老子衍》：『重积德』者，天下歆其受而归我，席虚以讲天下，此『有国』之与『长久』两难并者，而并之于此。并之于此，则岂有不并于此者哉？**重积德则无不克⑤，无不克则莫知其极⑥；**〇河上公《老子章句》：克，胜也。重积德于己，则无不胜。无不克胜，则莫知有知己德之穷极也。〇王弼《道德真经注》：道无穷也。**莫知其极，可以有国⑦；**〇河上公《老子章句》：莫知己德者有极，则可以有社稷，为民致福。〇王弼《道德真经注》：以有穷而莅国，非能有国也。**有国之母⑧，可以长久；**〇王弼《道德真经注》：国之所以安谓之母，重积德是唯图其根，然后营末，乃得其终也。〇唐玄宗《御注道德真经》：有国而茂养百姓者，则其国福祚可以长久矣。**是谓深根固柢⑨，长生久视之道⑩。**〇唐玄宗《御注道德真经》：积德有国，则根深花蒂固矣。深固者，有国长生久视之道。〇陈致虚《道德经转语偈》：有国之母重积德，深根固蒂可长生。五更早起无巴鼻，却是街头有夜行。

注释 ①事天：天，指身。事天即养护身心、保养天赋。②啬：爱惜。③早服：尽早服从自然事理。④重积德：重，多、厚，含有不断的意思。重积德，不断地积蓄『德』。⑤克：战胜。⑥莫知其极：极，最高点、顶点。没有人知道他力量的最高点。⑦有国：保有国家，即可以担负保护国家的责任。⑧有国之母：母，指保有国家的根本大『道』。『有国之母』，即『有国以母』，用大『道』去保护国家。⑨深根固柢：根柢，树根向四边伸的叫做根，向下扎的叫做柢。⑩长生久视：久视，久活、久立。长生久视，即长久存在。

譯文 待人处事应该奉行天道，最好的方法是要爱惜自己的精力。只有爱惜自己的精力，才能做到尽早做准备服从天道。早作准备，就可以积累深厚的德。德深厚就能无往不胜，无往不胜则他的力量不可限量。力量不可限量则足以治理国家。依据『道』来治理国家，国家就可以长久延续下去。这就叫做根柢牢固，这就是长久存在的道理。

讀解心得 『治人事天莫若啬』就是说不管做什么，能用简单的方法就不要用复杂的方法。这么做可以节省大量的精力。这样，再去做别的事的时候，就会有更多的时间去作准备。如果每次都这么去做，就意味着不断向『道』的要求趋近，越是趋近于『道』，自身能力就会越强，就像神仙一样神通广大，法力无边，不可限量。让这样的人担当国家大任，维护国家利益。这就是国家长治久安的根本大道。

本章论述了处事的两个关键点。

一是方法。这会使人想起由十四世纪英国著名唯名主义哲学家威廉提出的一个哲学思想。当时欧洲大陆笼罩在神学迷雾当中，出生在英国奥卡姆的威廉对当时无休无止的关于『共相』、『本质』之类的争吵感到厌倦，勇敢的冲破教皇枷锁，主张唯名论，只承认确实存在的东西，认为那些空洞无物的普遍性概念都是无用的累赘，应当被无情地『剃除』。他主张『如无必要，勿增实体。』这就是常说的『奥卡姆剃刀定律』。

就是这把剃刀剔去了繁琐的经院哲学，解放了思想，迎来了现代科学技术的发展。

奥卡姆剃刀与老子何其相似，尽量剔除繁杂的琐事，坚定目标，集中经历去做一件自己钟情的事业。优秀的花匠们在花蕾开放前会剪掉多余的花朵，仅留下唯一的一朵。难道，他不知道其它的蓓蕾也会绽放吗？因为花匠知道，剪掉复杂的枝条，唯一的花朵才能吸取全部的养分和精华。历史上大凡成功的人士，都是善于使用奥卡姆剃刀的花匠。著名科学家牛顿从不把宝贵的时间花费在众多的物理公式中，他敢于剔除毫无必要的原理定律，而专心于一只苹果的启示而发现了万有引力定律。『比尔盖茨的成功之处，不在于他做了什么，而在于他没有做什么。』经济学大师巴菲特这样评价。

另一个是精力，一个担当国家大任的人没有超人的体魄，充沛的精力是不行的。毛主席在湖南第一师范读书的时候，一方面文明其精神，博览群书，追寻救国之道，另一方面强健其体魄，坚持锻炼身体。正是由于少年时代练就的超人体魄，使他坚持走完艰难的二万五千里长征，最终领导中国革命走向成功。

可见，行事『无为』而修身『有为』，这才是求生之道。

經典事例

赤壁之战

三国初期，在孙权刚刚在江东站稳脚跟，刘备还没夺下益州的时候，曹操看准时机，准备趁孙、刘的力量还比较弱，一举将他们歼灭。

赤壁

三国形成时期，孙权、刘备联军于汉献帝建安十三年在长江赤壁（今湖北蒲圻西北，一说今嘉鱼东北）一带大败曹操军队。赤壁之战是奠定三国鼎立基础的著名战役。

曹操亲自率领百万大军，杀向东吴，一举攻下了襄阳、江陵。一时间，东吴朝野震惊。面对强大的曹操，孙权与刘备联盟，打算共抗曹操。但即使这样，双方依然实力相差甚远。只是由于曹操手下的将士都是北方人，不擅长南方的水战，并且不服水土，双方一时处于僵持状态。

曹操知道，只有训练出善于水战的军队，才能够取胜，于是他就利用荆州的降将蔡瑁、张允来训练曹军的水战。

吴军的都督周瑜手中只有三万人马，他得知曹操正在训练水战的消息后，十分忧愁。正在这时，曹操派手下的蒋干以同学身份来游说周瑜。周瑜请蒋干饮酒，自己则装醉，与蒋干同床而卧。周瑜暗中巧施反间计，利用蒋干传递假情报，使曹操误把蔡瑁、张允当成奸细，曹操一怒之下，将他们两个斩首。

曹操刚杀完二人，就立即明白自己中了周瑜的计策，但是悔之晚矣。曹操杀了蔡瑁、张允之后，缺少了训练水军的人才，这就耽误了曹军的进攻。

紧接着，黄盖又施苦肉计，假装被周瑜毒打，要投降曹操。结果骗取了曹操的信任，双方约定了投降的日期。

经过训练，曹军的水战技能已经颇为熟练。再加上曹操治军有方，使得曹军水寨井然有序。

这时，周瑜、诸葛亮等人定下了火攻曹营的妙计。与诸葛亮齐名的庞统又设法经蒋干推荐给曹操，假意帮助曹军。

曹操向来求贤若渴，一听说庞统来辅佐自己，马上亲自迎接。在酒席上，庞统声称周瑜恃才罔众，很不得人心，因此他才来投奔曹操。曹操对此坚信不疑。庞统向曹操建议，用铁链将战船锁在一起，上面铺上木板，这样战船在水中就不怕风吹浪颠了。士兵在船上，如同平地，就不会头晕呕吐了。

曹操马上采纳了庞统的建议，还说胜利以后要封他为三公，庞统却推辞说：『我献计并不是为了富贵，而是为解救万民。我只希望丞相打下江东后不要滥杀无辜。』

曹操听了以后，更加深信不疑了。

几天以后，周瑜派黄盖为先锋，驾着装满燃料的船驶向曹军的水寨。曹操本以为是黄盖前来投降，没想到船到了近前竟然着起了火，两边的船一相遇，曹军水寨立刻燃起了大火。由于曹军战船被锁在一起，一时散不开，曹军将士死伤无数。曹操所率领的数百万大军就这样惨败在东吴数万大军手中。

周瑜在这场战役当中反复多次运用计谋，最终以少胜多，正符合老子『治人事天，莫若啬』的思想。既然自己实力有限，就应当以不费精力的方式将对方消灭，这成为历史上以少胜多的经典战例的共同点。

第六十章

题解 本章继续讲述老子的政治主张。『治大国，若烹小鲜』也是一句流传很广的，非常能代表老子治国思想的话。这句话的意思是说，治理很大的国家跟烹调小鱼的道理是一致的。小鱼很鲜嫩，用刀乱切或在锅里频频搅动，肉就碎了，就不好吃了。统治者治理国家，要像煎小鱼那样，不要常常翻弄。唐玄宗在《御注道德真经》对这句话加以评述说道：『烹小鲜者不可挠，治大国者不可烦。烦则人劳，挠则鱼烂矣。』我们可以看到，历代很多帝王将相信奉这个道理，并且实践了这个道理，但是有的成功了，有的失败了，所以关键还是在于是否能够把这个道理运用得恰到好处。

本章后边叙述『鬼』和『神』并不能完全说明老子是『有神论』者，这里只是借鬼神的问题来说明『道』的作用。在老子看来，若是能够以『道』来治理天下，各种妖异的存在（鬼）就不再显得变化莫测（神）了。在老子看来，关键问题不是有没有鬼神，而是能否遵守『大道』。

原文 **治大国，若烹小鲜**①。○王弼《道德真经注》：不扰也，躁则多害，静则全真，故其国弥大，而其主弥静，然后乃能广得众心矣。○王夫之《老子衍》：动天下之形，犹余其气；动天下之气，动无余矣。『烹小鲜』而挠之，未尝伤小鲜也，而气已伤矣。伤其气，气遂逆起而报之。**以道莅天下**②，**其鬼不神**③；○河上公《老子章句》：以道德居位治天下，则鬼不敢以其精神犯人也。○王弼《道德真经注》：治大国则若烹小鲜，以道莅天下则其鬼不神也。**非其鬼不神，其神不伤人；**〇韩非子《解老》：治世之民，不与鬼神相害也。〇王弼《道德真经注》：神不害自然也，物守自然则神无所加，神无所加则不知神之为神也。**非其神不伤人，圣人亦不伤人。**〇王夫之《老子衍》：夫天下有『鬼神』，揉治乱于无形；吾身有『鬼神』，燥生死于无形。杀机一动，龙蛇起陆，而生德戕焉。静则无，动则有，神则『伤人』，可畏哉！**夫两不相伤④，故德交归焉。**〇王弼《道德真经注》：神不伤人，圣人亦不伤人，圣人不伤人，神亦不伤人。故曰，两不相伤也。神圣合道，交归之也。〇唐玄宗《御注道德真经》：鬼神伤民则害国亏本，圣人伤民则匮神乏祀，今两不相伤物，故德交归焉。

注釋 ①治大国，若烹小鲜：小鲜，小鱼。治理大国，要像煎烹小鱼一样。②以道莅天下：莅，面临。用『道』这个原则来对待天下。③神：灵、起作用。④两不相伤：指鬼神和圣人都不侵越、伤害人。

譯文 治理大国的方法与烹调小鱼的方法是相通的。以『道』治理天下，各种妖异的存在就不再显得神秘莫测了。不是它们不再显得神秘莫测，而是即使它们神秘莫测也难以伤人。不但它们的神秘莫测难以伤人，有道的圣人也不会去伤人。圣人和鬼神都不伤人，所以『德』就归于天下的人了，天下的人就能够和谐相处了。

讀解心得 老子在这里用烹小鲜比喻治大国之道，即遵从社会自然秩序，不能朝令夕改、随意变动、胡乱折腾，要学会无为而治，不要扰民，否则国家就会出乱。意思是治理大国家，就好像在烹煎小鱼一样，不能常常去翻动它，不要常常去变动政策，否则就会将一条鱼煎得破碎不堪，人民会因政策的变来变去，而难以适应，备受煎熬。

治理大国，要象煎烹小鱼一样。这是老子『无为』思想的一个具体的阐述。大国由于地大、人多、事情复杂，在执政过程中会有很多困难。地大就有可能政令行不通，国家行政力量达不到；人多可能就会思想复杂、意见不一、素质不齐；事杂可能就会经济、政治、社会问题层出不穷，国事、家事、天下事牵扯不断。在这样的情况下，治理国家得象煎烹小鱼一样，不能老去翻动，不去搅扰人民，则民心安定，政府有信用，社会安稳，天下太平。如果朝令夕改，政出多门，忽东忽西，民不知所从，就会导致民怨沸腾，社会动荡，进而灾祸滋生，国无宁日。

老子倡导以『道』治国，什么是『道』？『道』代表了事物的性质和发展的规律，运用到治理国家上就是包括了对待百姓的态度，即老百姓喜欢什么，不喜欢什么；什么对老百姓有利，什么对老百姓有害；怎么做老百姓会拥护，怎么做老百姓会反对。很显然在剥削阶级和被剥削阶级对立的社会里，『无为』的统治方法对老百姓造成的伤害是最小的，同时阶级矛盾也最为缓和，一个政权能够维持统治的时间也可能长一些，这或许就是当时社会最先进的政治思想。

老子的这些思想对后世影响很大。纵观历史，历朝历代开国之初都会采取这样一些同样的政策，例如汉朝初期，民生疲敝，于是黄老思想在统治阶级中占主要地位，统治者采取轻徭薄赋，休养生息等『无为而治』的措施发展生产，恢复经济从而步入繁荣时期。

按照现代观点，『鬼』是指一些不确定性因素，例如旱灾、饥荒、洪水、地震等等，属于不可抗力。我们知道大多数朝代的灭亡大致分为这样几种：外族入侵，如两宋；权臣篡位，如曹魏；农民起义，如明朝等。而农民起义常常伴随旱灾饥荒。那么一个王朝的灭亡是不是由旱灾饥荒导致的呢？很显然是不成立的，一个王朝从建立到灭亡不知要经历多少旱灾饥荒，照这个逻辑这个王朝早就灭亡多少次了。所以老子说『非其鬼不神，其神不伤人』就是说不是天灾不起作用，而是造成的危害还动摇不了民心，为什么呢？因为有『道』。这样统治者如果实行『无为而治』，即使发生天灾也动摇不了民心，阶级统治就能得到维护。

相反如果统治阶级妄为，过分压迫老百姓，就会失去民心，到了那个时候，原本不会造成伤害的天灾就会成为导致王朝灭亡的导火索。例如秦朝刑法严峻，赋税徭役沉重，惹得民怨沸腾，结果大泽乡的一场雨就使六国联军都打不败的秦国灭亡了。再如成吉思汗的子孙纵横亚欧大陆，所向无敌，可是蒙古人对被统治民族实行歧视政策，于是一句『莫道石人一只眼，扰动黄河天下反』的谣言就揭开了这个空前绝后的大帝国覆灭的序幕。

經典事例

西门豹治邺

战国时期魏文侯在位时，曾派西门豹就任邺县令。

西门豹到了邺县，召集当地年纪较大的人，向他们询问当地百姓的疾苦。人们都说：『当地百姓只是苦于给河伯娶妻，由于这个缘故，导致本地民穷财尽。』西门豹追问这到底是怎么回事，人们回答说：『邺县的三老、廷掾每年都要向百姓征收赋税，收取的钱财有几百万，而他们只用其中的二三十万为河伯娶妻，剩余的钱都被他们和女巫一同瓜分。到了为河伯娶妻的时候，女巫挨家挨户查看，当她看到小户人家有漂亮的女子，就说「这个女子适合送给河伯作为妻子」。于是马上下聘礼迎娶。给她缝制新衣，在河边上为她盖房子让她独自居住并且沐浴斋戒。这样十几天以后，大家一起装饰好那个像嫁女儿一样的床铺，然后让这个女子坐在上面，并把它浮到河中。起初，它还在水面上漂浮，漂了几里以后就沉没了。本地有漂亮女子的人家，因为担心女巫替河伯迎娶她们，因此多数都带着自己的女儿远走他乡了。就是因为这个缘故，城里变得空荡无人，以至于越来越贫困。』

西门豹就问众人为什么要给河伯娶妻。人们回答道：『这种情况已经存在很久了。老百姓中间流传着一种说法：假如不给河伯娶妻，就会洪水泛滥，把本地的老百姓全都淹死。所以女巫每年都要为河伯娶妻。』

西门豹说：『今天有幸请你们来告诉我这件事。到了给河伯娶妻的日子，希望三老、女巫和各位父老都到河边去，我也要去送送新娘。』

到了为河伯娶妻的日子，西门豹亲自到河边与长老们相会。三老、官员、女巫和地

西门豹

西门豹，战国时期魏国人。魏文侯时任邺令。实行『寓兵于农、藏粮于民』的政策，使邺城民富兵强，成为东北重镇。因治邺有方，深受人民爱戴，后人修祠建庙，以为祭祀。

河伯

河伯为中国古代神话中的黄河水神，原名冯夷，也作『冰夷』。在《抱朴子·释鬼篇》里说他过河时淹死了，就被天帝任命为河伯管理河川。

方上的父老也都会聚于此，前来看热闹的百姓多达二三千人。那个女巫是个七十多岁的老太婆，跟着她前来的女弟子有十来个，她们都穿着丝绸的单衣，站在女巫的身后。西门豹说：『叫河伯的新娘过来，我要看她长得是否漂亮。』有人扶着新娘走出帷帐，来到西门豹面前。西门豹看了一眼这个女子，回头对三老、女巫和父老们说：『这个女子长得不漂亮，麻烦巫婆替我到河里去禀告河伯，我们需要重新找一个漂亮的女子，几天以后送她去。』说着就叫差役们一齐抬起女巫，把她抛到了河中。过了一会儿，西门豹说：『巫婆怎么去了这么久？叫她的弟子下去催催她！』于是又下令把她的一个弟子抛到了河中。又过了一会儿，西门豹说：『这个弟子怎么也这么磨蹭？再派一个人下去催催她们！』又下令把一个弟子抛到河中。就这样，他总共抛了三个弟子。这时，西门豹说：『巫婆和她的弟子都是女人，不能把事情讲清楚。还是请三老替我下去说明情况吧。』他就又把三老抛入河中。西门豹恭恭敬敬地面对着河站着了很久。当地的长老、廷掾在旁边看着都感到害怕。西门豹说：『巫婆、三老都没回来，这可怎么办？』他想再派一个廷掾到河里去催他们。这些人吓得一齐跪在地上磕头，额头上的血淌了一地，脸如死灰。西门豹说：『好吧，你们暂且留下来再等他们一会儿。』又过了一会儿，西门豹说：『你们起来吧，看来今天河伯留客要留很久了，你们都回家去吧。』邺县的官吏和百姓都非常惊恐。从此以后，再没有人敢提为河伯娶妻的事了。

接着，西门豹动员百姓挖了十二条渠道，把河水引过来灌溉农田。后来邺县得到了水的便利，老百姓也因此生活富裕，邺县逐渐恢复了繁荣。

西门豹作为战国时期的无神论者，以实际行动揭穿了『河伯娶妻』的骗局，并使『河伯』为当地百姓的生产生活服务，正好说明了『以道莅天下，其鬼不神』、『夫两不相伤，故德交归焉』的道理。

第六十一章

题解　世间诸事往往是大而欺小，强而凌弱，老子却提出遵循『道』就应该以大海一样的胸襟谦卑地容纳。在诸侯争霸的春秋时代，国家强大就喜欢穷兵黩武，兼并弱小的国家，造成冲突不断，两方都会因战争而遭受重创。于是老子主张大国与小国之间应当以谦卑处下的态度进行交往，这样才能保持一种和谐的状态。

原文　**大国者下流，天下之牝，天下之交①。**○河上公《老子章句》：治大国（者），当如（江海）居下流，不逆细微。大国（者），天下士民之所交会。○王弼《道德真经注》：江海居大而处下，则百川流之，大国居大而处下，则天下流之，故曰，大国下流也。天下所归会也。**牝常以静胜牡，以静为下。**○王弼《道德真经注》：静而不求，物自归之也。以其静故能为下也，牝，雌也。雄躁动贪欲，雌常以静，故能胜雄也。以其静复能为下，故物归之也。**故大国以下小国，则取小国②；小国以下大国，则取大国。故或下以取③，或下而取。**○王弼《道德真经注》：大国以下，犹云以大国下小国。小国则附之。大国纳之也。言唯修卑下，然后乃各得其所。○宋徽宗《御解道德真经》：将欲歙之，必固张之，将欲取之，必固予之。**大国不过欲兼畜人④，小国不过欲入事人⑤。夫两者各得其所欲⑥，大者宜为下⑦。**○宋徽宗《御解道德真经》：天道下济而光明，故无不覆。地道卑而上行，故能承天。人法地，地法天，故大者宜为下。○陈致虚《道德经转语偈》：下流非是下流人，以静胜人要一真。牝牡之交宜处下，唯应吩咐下流人。

注释 ①天下之牝，天下之交：这两句的意思是处于天下雌柔的地位，是天下交汇的地方。交，交汇、汇合。②取：取得信任、取得归顺。③或下以取：有时大国以谦卑的态度取得小国的信任。或，有时。④兼畜人：把人聚在一起加以养护。有人认为，这里指的是大国兼并、占有小国。兼，聚拢起来。畜，饲养，含占有的意思。⑤入事人：侍奉别人，指小国侍奉大国。⑥各得所欲：各自都满足了自己的欲望。⑦大者宜为下：大国还是应当处于谦和卑下的地位。

譯文 强大的国家如果行事谦卑、甘居下位，处于天下柔慈的位置之上，就能得到天下的归附。雌性之所以常常胜于雄性，就在于能够安静温和，处身谦下。故而大国如果能对小国谦卑，便能得到小国的归附；小国如果能对大国谦卑，便能得到大国的信任。故而一方会因谦卑而令其归附，另一方也会因谦卑而被信任。大国不应贪图兼并小国，小国也不应苟且逢迎大国。这样两者都会得到满足，而大国应该处于谦和卑下的地位。

讀解心得 我们在参与社会生活的过程中，有时会遇到品德或才能强于自己的人，有时会遇到不如自己的人。在与形形色色的人的交往中，有些人会很好地处理各种纷繁复杂的关系，有些人则会在茫茫人海中迷失方向，丢掉自我。老子的『清静无为』既是一种治国理念，又是一种处理人际关系的行为准则，是一种处世方式，是一种道德观。《尚书·大禹谟》上说：『满招损，谦受益，时乃天道。』儒家认为谦和是上天赋予的人的本性，是每个人与生俱来的。道家强调人性顺其自然，反对矫揉造作，主张『无为』，所以认为谦逊是人们符合天道的一种品格，也承认它是人们与生俱来的本性，这是儒道相通之处的一个具体体现。中华传统文化正是如此，各种思想学说在相互借鉴、相互促进中不断发展完善。

在社会生活中，老子主张『处下』，也就是使自己处在卑弱的位置，因为这符合『道』。老子教导人们遵循『道』而行动，所以『处下』是与人交往的最佳选择。『处下』是对所有人的要求，地位尊贵的人也不例外。在我国的历史上，能够居高位而不盛气凌人，掌大权仍能礼贤下士的人，往往能够得到更多人的拥护。战国后期的四公子都以善于『养士』而闻名天下，他们的门客常常在危难关头以献出自己生命为代价报答主人的知遇之恩。魏公子信陵君得知一个年老的城门守卫侯嬴很有才能，于是亲自去请他为自己效力。侯嬴通过一系列试探了解到公子的诚意，后来为公子出谋划策盗取兵符，最后以死来答谢公子对自己的礼遇。所以，『处下』的品质还包括感恩，因为在每一个人成功的道路上，都有很多人在为之付出，所以要从内心感谢每一个帮助过自己的人。因此，诸葛亮才会在《出师表》中表达对刘备三顾之恩。

当然，光有『处下』的理念是不够的，还应该有实际行动，老子正是要求人们将这种理念运用到治理国家与个人奋斗的实际行动中去。老子的『处下』并不是真正的

『示弱』，因为他主张『知其雄，守其雌』，在此基础上通过『清静无为』实现『牝以静胜牡』和『柔弱胜刚强』。施行『无为』之道的另一种方法就是『不争』，就好像向下流的水。万物争相处上，水却甘于处下。因为有水的谦让和无争，才有花的芳香和参天大树的直入云天。水的『处下』和『不争』，正是我们所应该推崇的精神。

經典事例

昭君出塞

汉宣帝在位的时候，汉朝又强盛了一段时期。而那时，匈奴由于内部争斗，日益衰落，最后分裂成五个单于势力。其中的呼韩邪单于一直与汉朝交好，曾亲自南下朝见汉宣帝。宣帝死后，元帝即位，呼韩邪单于在公元前33年再次来到长安，请求同汉朝和亲。元帝同意他的要求，决定挑选一个宫女当做汉朝的公主嫁给呼韩邪单于。后宫有很多从民间选上来的宫女，她们整天待在宫里，很想出去，但谁也不愿意嫁到匈奴去。管事的大臣非常着急。这时，有一个宫女主动表示愿意去匈奴和亲。她名叫王嫱，就是中国古代四大美女之一的王昭君。王昭君长得非常美丽，又很有远见。管事的大臣听说王昭君愿意去，连忙上报元帝。元帝就让大臣选择良辰吉日，送昭君前往匈奴。

临行前，王昭君来向汉元帝告别。汉元帝看到她如此美丽端庄，惊讶极了。他很想把昭君留在宫中，但是为时已晚。

汉元帝回宫以后，越想越懊悔：自己的后宫竟有这样的美女，怎么从来没发现呢？他命人从宫女的画像中拿出昭君的像来看，才发现画像上的昭君远不如本人美丽。原来，宫女进宫时，一般都是由画工画了像，再送给皇帝看，让皇帝来决定是否入选。当时的画工毛延寿十分贪婪，他给宫女画像，要宫女们送给他礼物，他才会把人画得很美。而王昭君秉性正直，对这种卑鄙的行为很不满意，不愿送礼物，因此，毛延寿就没有如实地画出昭君的美貌。为此，汉元帝非常恼怒，惩治了毛延寿。但昭君已经不可能留在皇帝身边了。

王昭君在汉匈两国官员的护送

昭君出塞

王昭君，姓王，名嫱。天生丽质，琴棋书画无所不精。昭君出塞后，汉匈两族团结和睦，国泰民安，展现出欣欣向荣的和平景象。

下，离开了长安。她千里迢迢来到匈奴地域，成为了呼韩邪单于的妻子。

昭君渐渐习惯了匈奴的生活，与匈奴人相处得非常融洽。她一面规劝单于不要打仗，一面把汉族的文化传给匈奴。就这样，汉朝和匈奴和睦相处了六十年。昭君死后，被葬在大青山。匈奴人为她修了坟墓，叫做青冢，以纪念昭君为汉匈两国的和平所做出的贡献。

汉朝与匈奴的和亲正好符合老子『大国以下小国，则取小国；小国以下大国，则取大国』的思想。在这个过程中，元帝为顾全大局，没有因为自己的私欲而阻止昭君出塞，充分显示出一个大国君主的远见卓识。

第六十二章

题解 在老子眼中，世间一切礼仪、道德、习俗的根本都是『道』，『道』远比浩荡的各种仪式和万人之上的荣宠更为重要。『道』令人有求可得，有罪得免。老子的这一思想已经超越了『道』单纯作为自然规律的限定，道破了『道』与人之间有着密不可分的牵连。正因如此，『道』才被天下人所尊崇。『道』能赦免有罪之人，那么任何人都没有理由被抛弃了，这也正说明了『道』的博大。

原文 **道者万物之奥①。**〇河上公《老子章句》：奥，藏也。道为万物之藏，无所不容也。〇王弼《道德真经注》：奥，犹暧也。可得庇荫之辞。**善人之宝，不善人之所保。**〇王夫之《老子衍》：繇此验之，则有道者不必无求，而亦未尝讳罪耶？无求则亢，讳罪则易污，有道者不处。天下皆在道之中，善不善者其化迹，而道其橐钥。是故无所择，而聊以之深其息。**美言可以市尊，美行可以加人。**〇河上公《老子章句》：美言者独可于市耳。夫市交易而退，不相宜善言美语，求者欲疾得，卖者欲疾售也。加，别也。人有尊贵之行，可以别异于凡人，未足以尊道。〇王夫之《老子衍》：不善人保之，善所以贵。然可市而不市，可加而不加，斯乃为奥。**人之不善，何弃之有？**〇河上公《老子章句》：人虽不善，当以道化之。盖三皇之前，无有弃民，德化淳也。〇王弼《道德真经注》：不善当保道以免放。**故立天子，置三公②，虽有拱璧以先驷马③，不如坐进此道。**〇河上公《老子章句》：欲使教化不善之人。虽有美璧先驷马而至，故不如坐进此道。〇王夫之《老子衍》：知有所择也，是天子三公之为贵，而拱璧驷马之为文矣，岂道也哉？**古之所以贵此道者何？不曰：求以得，有罪以免邪？故为天下贵。**〇王夫之《老子衍》：时有所求，终不怀宝以自封；或欲免罪，终不失保以孤立。和是非而休之以天钧，天下皆同乎道，而孰能贱之？

注釋 ①奥：藏，庇荫。②置：设置。三公：周朝时所设置的三个辅弼国君的大官，即太师、太傅、太保。『三公』到汉朝以后，只有高位，没有实权。③拱璧以先驷马：即拱璧在先，驷马在后，这是古代献奉的礼仪，较为隆重。拱璧，古代一种玉，圆镜形，中间有圆孔，为贵重的礼品。驷马，四匹马驾的车，古代只有天子、大臣才能乘坐。

譯文 『道』是深藏天下万物玄机的所在。善于遵循『道』的人懂得去珍视它，而不善遵循的人则因为它而有所依靠。合乎『道』的言语可以得到他人的尊崇，合乎『道』的行为可以令其有别于世俗之人。就算人不懂得如何遵循『道』，又怎么会被抛弃呢？因此，天子即位，三公就职，即使举行先奉拱璧，后奉车马的礼仪，我看都不如奉上『道』来作为献礼。古时之所以特别尊崇『道』的原因是什么呢？难道不是说：寻求就会得到，得罪也可以豁免么？故而『道』才会被天下人所尊崇。

讀解心得 在老子看来，『道』是『万物之奥』，也是『众妙之门』，就像我们所说的自然规律，做任何事情都只能遵循它，而不能违背它。在老子的哲学思想中，道既是万物的起源，也是判断是非曲直的最高标准，它不但可以区分自然万物的良莠，而且还可以评判人类社会的善恶。自然之道在于无为，无为并非无所作为，而是指春风化雨一般的潜移默化。儒道都重视教化的作用。儒家的教化主要通过自我克制和推行仁德来实现。老子也说，『侯王若能守之，万物将自化』，这是道家的教化方式。在老子看来，推行仁德实在算不上什么高明的做法，那就相当于强迫别人接受某种他不喜欢东西。『克己』倒是与老子所说的『守其雌』有些相似，两者都主张使自己保持比较低调的状态，通过退让的处世方式实现自己的政治理想，这一点也是中国传统文化中『和』文化的一个方面。

大『道』是所有人的行为规范和价值标准，世间之人无论善恶贵贱，没有不需要它的。儒家讲究向他人学习，『见贤思齐』，强调榜样的作用。老子从另一个角度说，『美言可以市尊，美行可以加人』，美好的言论和行为都可以使自己赢得别人的尊重，从而成为别人学习的榜样。

道的可贵远非『拱璧』和『驷马』能比，规律的价值岂能用金钱来衡量？

經典事例

孟母三迁

孟子很小的时候，父亲就去世了，他的母亲守节而没有改嫁。最初，母子俩住在墓地附近。孟子就经常和邻居家的小孩子一起学大人跪拜、痛哭，玩起办丧事的游戏。孟母看到了这种情景，就皱起了眉头，说：『我不能让我的孩子在这个地方住了！』

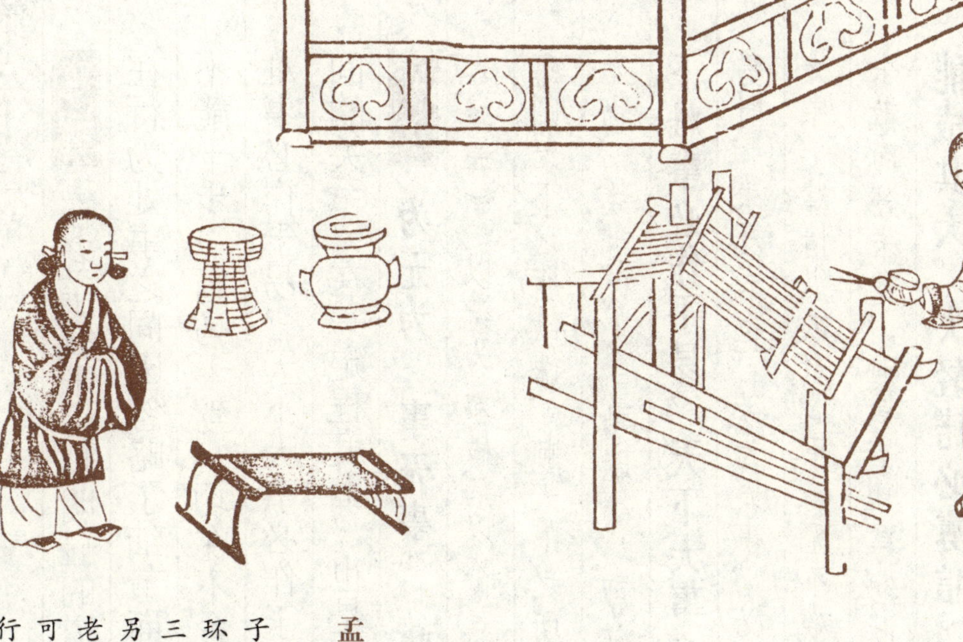

孟母三迁

孟母为孟子能得到好的环境熏陶不惜三迁其家。从另一面印证了老子的『美言可以市尊，美行可以加人。』

于是，孟母就带着孟子搬到集市旁边去住。到了集市，孟子又和邻居家的小孩子学起了商人做生意。孟母知道了以后，又皱起了眉头说道：『看来这里也不适合我的孩子居住！』于是，他们再一次搬家。这次，他们来到了学校附近。孟子就学着学校里的规矩开始做些拱让食物的礼仪的游戏。这时，孟母才满意地说：『这里才是我安顿儿子的地方！』从此以后，孟子就在那里住了下来，后来终于学有所成，成为了儒家的宗师。

『孟母三迁』的故事流传甚广，它所蕴含的深刻含义就在于：环境能够影响人的发展。正因为这样，老子提出『美言可以市尊，美行可以加人』，指出了『得道』之人对于社会的积极影响。

第六十三章

题解 在老子看来，越明显的道理越容易被人忽视，世人求强好胜的心态往往会使其在行为处事之间因忽略了细节而导致全局的失败。《荀子·劝学》有言：『骐骥一跃，不能十步；驽马十驾，功在不舍。』可见成就大事必从细小处着手，这与本章『天下难事必作于易，天下大事必作于细』之言相通。老子的这一主张说明了量变与质变之间的关系，在一定程度上，也是『无为』思想的一种体现。

原文 **为无为，事无事①，味无味②。大小多少，报怨以德。** ○王弼《道德真经注》：以无为为居，以不言为教，以恬淡为味，治之极也。小怨则不足以报，大怨则天下之所欲诛，顺天下之所同者，德也。○王夫之《老子衍》：吕吉甫曰：归于无物，故可以大。可以小，可以多，可以少。**图难于其易③，为大于其细④；天下难事必作于易，天下大事必作于细。** ○河上公《老子章句》：欲图难事，当于易时，未及成也。欲为大事，必作于小，祸乱从小来也。从易生难，从细生着。○唐太宗：肆情纵欲者，于为无不难，于事无不大，今欲图度其难，营为其大，当须于性未散而分未越，则是于其易细也。明上文所以预图为也。**是以圣人终不为大，故能成其大。夫轻诺必寡信⑤，多易必多难。是以圣人犹难之⑥，故终无难矣。** ○河上公《老子章句》：处谦虚，天下共归之也。不重言也。不慎患也。圣人动作举事，犹进退，重难之，欲塞其源也。圣人终生无患难之事，犹避害深也。○王

孔子

《论语》中，孔子曾说：『何以报德？以直报怨，以德报德。』这与老子『报怨以德』的思想相似。

矢志不渝

老子主张『图难于其易，为大于其细』，只有认准目标，脚踏实地去行动，才能成就大事。

弼《道德真经注》：以圣人之才犹尚难于细易，况非圣人之才而欲忽于此乎，故曰，犹难之也。

注释 ①事无事：将无事当作唯一的事。这是说要顺应自然。前一个『事』，动词，做事、从事的意思。无事，不创新事，含有不搅扰、不干涉的意思。②味无味：将无味当作唯一的味。意思也是顺应自然，恬淡处世。前一个『味』，动词，玩味。无味，寡淡无味。③图难于其易：解决困难的事从它容易的地方入手。图难，处理、解决困难的事。于其易，于，介词，从；易，容易的地方。④为大于其细：就是做大事要从细小的地方入手。为大，做大事情。细，细微的地方、小的地方。⑤轻诺：指轻易许诺。寡信：指很少守信用。信，指守信约、守信用。⑥犹：均、都。

译文 将无为当做唯一的作为，将无事当做唯一的事，将无味当做唯一的味。以小为大，以少为多，只用『德』来报答怨恨。从简单容易处入手克服困难，从细小微末处着手做大事；一切的难事必定都从简易发展而来，一切的大事必定都从细小处积蓄而成。因此圣人从来不自诩伟大，故而才成其伟大。轻易许下的承诺必然很少能兑现，把事情看得太容易必然会遭遇很多困难。因此圣人总是把事情看得更加困难些，故而最后就不存在困难了。

读解心得 『道』的最根本规律就是自然，做事情也应该按其原本的规律任其自然而然的发展。『为无为，事无事，味无味』所阐发的也就是『无为而无不为』的道理。老子认为要想有所作为，就必须采取顺应自然的态度，必须以平静的思想和行为对待生活。

『以德报怨』是老子的人生观，也是老子的一种处世哲学，同时这也是他顺应自然思想的体现。《论语·宪问》『或曰「以德报怨，何如？」子曰：「何以报德？以直报怨，以德报德。」』从中我们可以看出，老子与孔子在处理『德』与『怨』的关系时有所差别。老子以德行响应怨恨，孔子则以公平正直之道来面对怨恨，不作相应的报复，但也不应曲意隐忍。

『泰山不拒细壤，故能成其高；江海不择细流，故能就其深。』所以，大礼不辞小让，细节对事情的成败起着至关重要的作用。老子的『天下难事，必作于易；天下大事，必作于细』恰恰反映了这样的观点。中国有成语叫『千里之堤，溃于蚁穴』。细节往往就是这样在人们的忽视中影响到全局。要想成就一番事业必须从那些细枝末节开始，所以有『道』的圣人始终认为自己是在做一些微不足道的事情。

老子对许下诺言是非常慎重的，他认为不根据现实情况轻易作出承诺，必定会有很多失信的行为，因为许诺的人可能会把某些事情看得过于简单而无法实现他的承诺。所以圣人们总会把诺言看的像『九鼎大吕』一般重，他们也会把事情看得很困难，以至于最后毫无困难。

老子认为，做任何事情都是从小到大，由少到多，由易到难的，这是事物发展的普遍规律，也是人们日常生活的行为准则。持『无为』的态度，顺应自然的发展规律，即使遇到了值得抱怨的事，用美好的德行来感化它，不轻易给予承诺，在一开始就尽量把事情想得困难……这样往往能换得一个完满的结局。而圣人之所以圣，就是因为他们把这些问题看得透彻，把自己看得甚是渺小，把世界看得异常伟大，就这样他们通常并不把自己当作圣人，从而达到了『无为而无不为』的境界。

经典事例

愚公移山

《列子·汤问》中有一则愚公移山的寓言。

从前，太行、王屋两座大山位于冀州南部、黄河北边，两座大山方圆七百里，高达万仞。

北山脚下有个人叫愚公，快九十岁了，他家世世代代面对着山居住。由于大山的阻隔，北山居民进进出出都要绕很远的路，极为不便。

一天，愚公把全家人召集到一起商量说：『我打算和大家用尽全力铲平这两座大山，使道路一直通到豫州的南部，到达汉水的南岸，你们看怎么样？』大家都对他的建议表示赞同。可愚公的妻子却提出了疑问：『凭借您的力量，恐怕连魁父这样的小土山都铲不平，又怎能把太行、王屋这两座大山怎么样呢？再说，那些土石又放到哪里去呢？』大家纷纷提议：『可以把土石运到渤海边上，或是隐土北面。』

于是，愚公带着三个身强力壮的子孙，凿山石，挖泥土，然后把土石用筐装起来运到渤海边上。邻居寡妇家有个孩子，才七八岁，就蹦蹦跳跳地去帮助他们。

有个叫智叟的人讥笑愚公说：『你实在太不聪明了。你这么大年纪了，就凭你剩下的这点力气，连山上的一根草都毁不掉，又能把整座大山怎么样呢？』愚公听了长叹一声说：『你的思想竟然如此顽固，顽固到无法改变的地步，还不如寡妇家的小孩子。即便我死了，还有我的儿子在；儿子又会生孙子，孙子还会生儿子，这样看来，子子孙孙是不会穷尽的，可是这山不会再增加高度，何愁挖不平？』智叟听了无言以对。

山神知道了这件事，怕愚公不停地挖下去，就向天帝作了报告。天帝被愚公的诚心所感动，便命令大力神夸娥氏的两个儿子背走了这两座山。一座安置在朔方东部，一座安置在雍州南面。从此以后，冀州的南部和汉水的南面，就再也没有高山阻隔了。

愚公移山的故事说明：做事必须要有恒心，从一点一滴做起，最终必然能够实现质的飞跃。『天下大事必作于细』的意义正在于此。

终身不遇

从前有一个人总想当官，可他一辈子都没有遇到机遇。几十年的时光转瞬即逝，这个人眼看着自己老了，不由得黯然神伤。有一天，他走在路上，忍不住放声痛哭起来。

有人看到他这个样子，觉得很奇怪，于是走上前去询问缘由。

这个老人答道：『我年轻时习文，当我学有所成，出来求官之时，正好遇上国君偏喜欢任用经验丰富的老年人。我就等了很多年，一直等到那个国君去世，我又出来求官，没想到新君却是个好武的人，我再一次怀才不遇。于是，我弃文学武。等到我学武有所成就时，那个重视武艺的国君也死了。现在继位的是一位年轻的国君，他喜欢任用年轻人做官，而我如今已经老了。我这一辈子生不逢时，没有遇到过一次为官的机会，这不是很可悲吗？』说完，他又哭起来了。

故事中的这个人由于一遇到挫折就改变志向，所以到头来一事无成。老子主张『图难于其易，为大于其细』，只有认准目标，脚踏实地去行动，才能成就大事。老子在两千多年前提出的这一观点，对于今人来说，依然有着深刻的教育意义。

第六十四章

题解 本章可看作是前一章的继续，老子首先强调了防微杜渐的重要性，提出『为之于未有，治之于未乱』的观点。接着列举了常见的事物：『合抱之木』，『九层之台』，『千里之行』，并分析了它们各自发生质变的关键就在于积少成多，一点一滴的量变，将会引起惊人的质变。『毫末』、『累土』、『足下』虽然看起来微不足道，然而，一旦积累到一定量，必将释放出巨大的能量。

老子此言的目的，主要还是为了告诫当权者，一切事物的本质就是『道』。世人刻意想要取得的东西总是会失去，只有遵循『道』的原则，凡事从一点一滴做起，不急不躁，才不致于『常于几成而败之』。老子一直崇尚『无为』，在这一章中也不例外，但是，从字里行间，我们更能领会到『无为之道』的现实意义。

原文 **其安易持①，其未兆易谋②。**○河上公《老子章句》：治身治国安静者，易守持也。情欲祸患未有形兆时，易谋止也。○王弼《道德真经注》：以其安不忘危，持之不忘亡，谋之无功之势，故曰易也。**其脆易泮③，其微易散。**○河上公《老子章句》：祸乱未动于朝，情欲未见于色，如脆弱易破除。其未彰着，微小易散去也。○明太祖《御注道德真经》：故又比云其脆微二物，人皆以为小可，将以为不然。**为之于未有④，治之于未乱。**○王弼《道德真经注》：谓其安未兆也。谓微脆也。○王夫之《老子衍》：失有道者，不为吉先，不为福赘。『未有』、『未乱』而逆治，其事近迎。**合抱之木，生于毫末**[5]**；九层之台，起于累土**[6]**；千里之行，始于足下。**○河上公《老子章句》：从小成大。从卑立高。从近至远。○王夫之《老子衍》：既合抱而仍有毫末，既九成而仍资累土，虽千里而不过足下。**为者败之，执者失之。**○河上公《老子章句》：有为于事，废于自然；有为于义，废于仁；有为于色，废于精神也。执利遇患，执道全身，坚持不得，推让反还。○王弼《道德真经注》：当以慎终除微，慎微除乱，而以施为治之形名，执之反生事原，巧辟滋作，故败失也。**是以圣人无为故无败，无执故无失。民之从事，常于几成而败之。**○王弼《道德真经注》：不慎终也。○唐玄宗《御注道德真经》：民之始从事于善者，当于近成而自败之。**慎终如始，则无败事。**○河上公《老子章句》：终当如始，不当懈怠。○王夫之《老子衍》：『几成』而『慎』有余，其事近随。**是以圣人欲不欲**[7]**，不贵难得之货；**○王弼《道德真经注》：好欲虽微，争尚为之，兴难得之货虽细，贪盗为之起也。○王夫之《老子衍》：刘仲平曰：欲众人之所不欲，不欲众人之所欲。**学不学**[8]**，复众人之所过**[9]**。**○王弼《道德真经注》：不学而能者，自然也。喻于学者，过也。故学不学，以复众人之过。○王夫之《老子衍》：刘仲平曰：学众人之所不学，不学众人之所学；复其过矣。**以辅万物之自然，而不敢为**[10]**。**○河上公《老子章句》：教人反本实者，欲以辅助万物自然之性也。圣人动作因循，不敢有所造为，恐远本也。○唐玄宗《御注道德真经》：以辅自然之性，不敢为俗学与多欲也。

注释 ①安：稳定、安定。持：维持、掌握。②未兆：没有异象、没有征兆时。谋：图谋、谋划。③泮：散，分解。④为之于未有：在事情还没有发生时就把它做好。为，做、处理。未有，没有发生、没有出现。⑤毫末：指细小的萌芽。⑥累土：累，土笼，即盛土的筐子。累土，一筐筐的土。一说累是堆积的意思。⑦欲不欲：即向往别人所不向往的。前一个『欲』，为动词，指向往、欲想。不欲，（别人所）不向往的。⑧学不学：圣人的学习就是不学什么。前一个『学』是动词，学习。⑨复：作『返』讲。从错误的道路上走回来，改正错误的意思。⑩以辅：用……去辅助。

譯文 局势稳定时容易把持，情势尚未有征兆时容易谋划。事物脆弱时容易瓦解，微小时容易消散。在尚未露出端倪时就要做好准备，在祸乱尚未滋生时就做好预防。合抱的大树，是由细小的萌芽长成的；多层的高台，是由一筐一筐的土堆垒而成的；遥远的路途，是从脚下开始的。急功近利妄加干涉就会失败；刻意把持就会丧失。因此，圣人从不干涉，所以不会失败；无所把持，所以不会丧失。平常人做事，往往在即将成功的时候失败。从始至终毫不懈怠，就不会有衰败之事。因此，圣人想要的是没有欲求，不重视珍贵的财货。圣人以不学为学习的方法，以此来弥补世人所犯下的错误。借此以辅助万物自然发展，而不敢妄为造作。

讀解心得 事物的发展历程是从无到有，难以解决的问题往往由常被人忽视的小的隐患生成，这就是量的积累是质的飞跃的基本道理。有太多的人在『明日复明日』的

啮指心痛

曾参，以孝著称。少年时常入山打柴。一天，家里来了客人，母亲不知所措，就用牙咬自己的手指。曾参忽然觉得心疼，知道母亲在呼唤自己，便背着柴迅速返回家中。

道路上徘徊不前，最终荒废了青春年华。『其安易持，其未兆易谋。其脆易泮，其微易散』说的其实就是防微杜渐的道理。战国初年，名医扁鹊发现蔡桓公得了小病，但蔡桓公讳疾忌医，拒绝治病，最终『病入骨髓』，不治而亡。如果能够在矛盾暴露之前尽早发现，未雨绸缪，就能将一切可能发生的危机扼杀在萌芽状态之下。兵家强调『伤其十指，不如断其一指』，就是主张集中优势兵力攻击对方的其中一部分，打开缺口。如果兵力过于分散，则无法使对方大伤元气，反而使自己处于不利的境地。老子强调事物具有两面性，但这两个方面是有主次之分的，在战略上，『伤其十指』就不如『断其一指』重要。荀子说：『不积跬步，无以至千里；不积小流，无以成江海。

骐骥一跃，不能十步；驽马十驾，功在不舍。』这句话与老子所说的『合抱之木，生于毫末；九层之台，起于累土；千里之行，始于足下』不谋而合，通过不同的比喻阐述同样的量与质的关系。反映出中华文化的源远流长。

孔子的弟子曾参说：『慎终追远，民德归厚矣。』其中的『慎终追远』和老子所说的『慎终如始』在本质上是一致的。『慎终追远』反映了老子对事物整个发展过程的严谨态度，无论是始还是终。前人的经验，未必放之四海而皆准。前人留下的路标，也未必就是正确的前进方向。所以，『圣人』『欲』他人所不欲，『学』他人所不学，主张通过探索，去开辟一条属于自己的新路。

經典事例

扁鹊见蔡桓公

扁鹊是春秋时期的名医。有一次，他进见蔡桓公，站着观察了一会儿，对桓侯说道：『我发现您的皮肤纹理间有点小毛病，不及时医治恐怕要加重。』桓侯自信地说：『我没有病。』扁鹊走后，桓侯对左右的人说：『医生总喜欢给没病的人治病，以此来炫耀自己的功劳。』

过了十天，扁鹊再次进见，他对桓侯说：『您的病已到达了肌肉里，如果再不医治，会更加严重的。』桓侯没有理睬，扁鹊只好离开，桓侯很不高兴。

又过了十天，扁鹊又进见，他对桓侯说：『您的病现在已到了肠胃，再不医治，就来不及了。』桓侯还是不理睬。扁鹊无奈，只好走了，桓侯这次很生气。这样又过了十天，扁鹊在进见时远远看了桓侯一眼，转身就跑。桓侯不明白为什么，特意派人去问他，扁鹊说：『皮肤纹理间的病，用药热敷，就可以治好；肌肉里的病，用针灸可以治好；肠胃的病，用火剂可以治好；而骨髓里的病，那就是司命神的事情，医生是无能为力了。桓侯的病现在已经深入到了骨髓，所以我不再过问了。』过了五天，桓侯浑身剧痛，派人再去寻找扁鹊，可扁鹊已逃到秦国去了。后来桓侯病死了。

蔡桓公的死，本来可以避免，他的疾病正像老子说的那样，『其脆易泮，其微易散』，在刚刚出现苗头的时候很容易医治，可如果不加以及时防范，就会导致严重的后果。如果上升到政治层面，这个故事可看成是『为之于未有，治之于未乱』的一个典型范例。

居安思危

春秋时期，有一次宋、晋、齐、卫等十二国联合攻打郑国。郑国知道自己力量不足，就连忙派人向晋国求和，因为晋国是十二国中实力最强的国家。晋国国君晋悼公表示同意讲和，其余的十一国因为不愿得罪晋国，就都决定退兵，郑国因此才逃过一劫。

郑国为了表达谢意，特意送给晋国很多兵车、乐师、乐器、歌女以及大量贵重的珠宝作为谢礼。晋悼公收到礼物后非常高兴，就将这些礼物拿出一半送给他的功臣魏绛。

但魏绛婉言谢绝了，他劝谏晋悼公说：『现在您能够统率各国，这是您的功德所在，也是大家同心协力的结果，我自己并没有立过什么功劳，怎么能无功受禄呢？再说，晋国现在虽然很强大，但是绝对不能因此而麻痹大意，人在安乐的时候，一定要预想到将来可能发生的危险，这样才能及早做好防范，以免日后发生灾祸。这些礼物您还是独自享用吧，我更愿意想一下以后可能发生的事。』晋悼公听完这番话之后，知道魏绛时刻都在牵挂着国家的安危，从此以后，对他更加敬重了。

这个故事深刻地反映了居安思危的道理。老子认为，『民之从事，常于几成而败之』，只有『慎终如始』，才能『无败事』。历史上的很多帝王，都是在成功之后放松了警惕而遭到失败的，因此，老子的观点在任何历史时期，都有其现实意义。

文王

相传文王治国宽松，刑律宽缓，在地上画圈，令罪人立圈中以示惩罚，如后代的牢狱。文王不以智巧心机治国，而是对人民宽厚仁慈，民风反而淳朴。

简子围猎

赵鞅，即赵简子，又名志父，亦称赵孟。春秋末年晋国正卿。年仅二十多岁的赵鞅执政后，励精图治，终于使赵氏东山再起。

第六十五章

题解 本章与第十九章中『绝圣弃智，民利百倍』的观点相近，又一次阐述了『无为而治』的政治思想。世人总是以为聪明胜过愚蠢，强悍胜过柔弱，精明胜过憨厚，而老子却认为事实恰恰相反，天下之所以混乱，正是因为世人运用了智慧，因而巧诈百出。

老子所生活的时代烽烟四起，计谋诡诈百出，危机四伏，无处苟安。而世人以诡诈求生的同时又给社会带来更多的不安，这反过来又促使人们寻求更为诡诈的计谋来求得生存。趋利避害是世人的本性，然如此求生只会更远离『道』。因此，老子主张天下回归淳朴，只有顺应大『道』才是天下福祉所在。

原文 **古之善为道者①，非以明民②，将以愚之③。**〇河上公《老子章句》：说古之善以道治身及治国者，不以道教民明智巧诈也，将以道德教民，使质朴不诈伪。〇王夫之《老子衍》：物欲出生，我止其芽，则天下全其膏润。心欲出生，我止其几，则魂魄全其常明：非故『愚之』也，『以明』者非其明也。**民之难治，以其智多。**〇河上公《老子章句》：民之所以难治者，以其智多而为巧伪。〇王弼《道德真经注》：多智巧诈，故难治也。**故以智治国，国之贼④；不以智治国，国之福。**〇河上公《老子章句》：使智慧之人治国之政事，必远道德，妄作威福，为国之贼也。不使智慧之人治国之政事，则民守正直，不为邪饰，上下相亲，君臣同力，故为国之福也。**知此两者亦稽式。常知稽式，是谓玄德。**〇王夫之《老子衍》：夫道之使有是天下也，天下不吾，而吾不天下，久矣『楷式』如斯，而未有易也。仿其『楷』，多其瓮缶而土裂于邱；学其『式』，多其觚豆而木落于山，天下其为我之瓮缶与其觚豆乎？彼且不甘而怨贼起矣。**玄德深矣，远矣，与物反矣，然后乃至大顺⑤。**〇王弼《道德真经注》：玄德深矣，远矣。反其真也。〇王夫之《老子衍》：顺之则与天下相生，『反』之则与吾相守。生者，生智，生不智；生福，生祸；生德，生贼；莫必其生，而顺亦不长也。守者，吾守吾，天下守天下，而不相诏也。

注釋 ①古之善为道者：古来善于遵循有『道』政治的人。为，执行。道，指遵循自然的无为政治。②非以明民：不是教给民众知识使他们智巧伪作。以，用。明民，使人民明智、聪明；明，使之明。③愚之：使之愚，意即使人民真朴自然。④贼：祸害。⑤大顺：自然。

譯文 古时善于遵循『道』的人，并非教给民众知识而导致其智巧伪诈，而是教导他们淳厚自然。民众之所以难以治理，是因为他们经常使用智巧心机。所以用智巧心机统治国家，就必然会使国家遭受祸害；不依靠智巧心机统治国家，才是国家的福祉。了解这两种不同的治国方式之后就会明白一个法则。能够顺应这个法则，就叫做『玄德』。『玄德』深不可测，远不可及，和天下万物一齐返璞归真，然后才能极大地顺应自然。

讀解心得 老子曾经从很多个层面剖析过『善为道者』的涵义，『善救人』、『抱一为天下式』、『知其雄，守其雌』，都是有道之人的处事原则。老子推崇的智慧是一种超智慧，『知人』、『善言』、『善结』已经属于很难得的智慧了，其实恬淡无味的大『道』才是真正的智慧，散发着一种看似暗昧的光辉。因为『道』是深邃而幽暗的，它所体现出的智慧并不像常人所说的聪明那么简单，通常表现为『大智若愚』。

『非以明民，将以愚之』通常被理解为老子的愚民思想，就如同孔子所说的『民可使由之，不可使知之』。其实无论是儒家还是道家，其愚民政策都带有一定的强制性，都

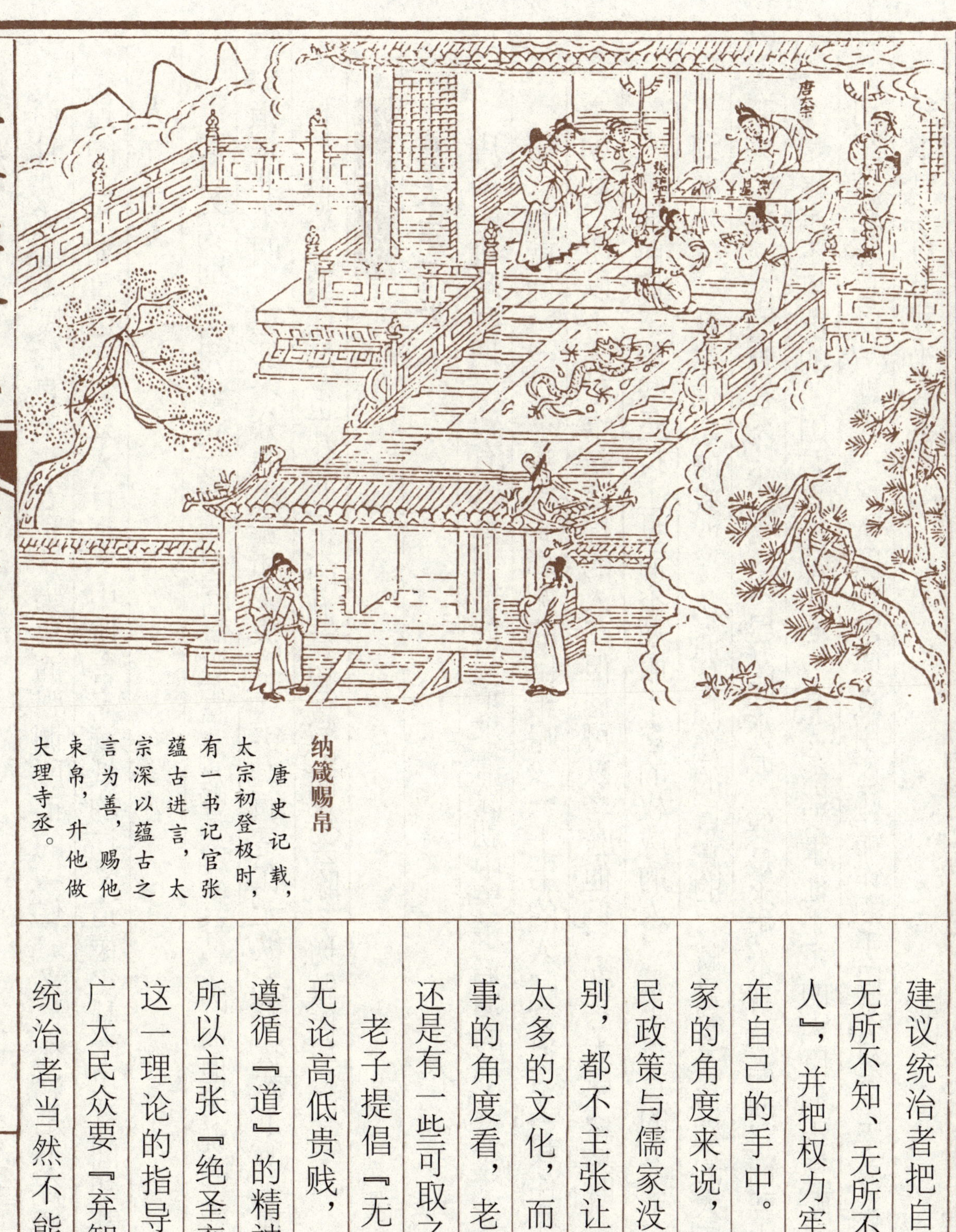

纳箴赐帛

唐史记载，太宗初登极时，有一书记官张蕴古进言，太宗深以蕴古之言为善，赐他束帛，升他做大理寺丞。

建议统治者把自己塑造为无所不知、无所不能的『圣人』，并把权力牢牢地控制在自己的手中。从治理国家的角度来说，老子的愚民政策与儒家没有太多差别，都不主张让百姓掌握太多的文化，而从为人处事的角度看，老子的思想还是有一些可取之处的。

老子提倡『无为而治』，无论高低贵贱，人人都要遵循『道』的精神来做事，所以主张『绝圣弃智』。在这一理论的指导下，既然广大民众要『弃智』，那么统治者当然不能例外了，而且要成为人民的表率。老子认为片面强调所谓的『仁、义、礼』是不合顺其自然之道的。正如鲁迅在《狂人日记》中所言，满纸的仁义道德，其字里行间却都写着『吃人』二字。

『我无为而民自化』是老子对自己政治思想的精辟解释，因而他所说的『愚』，并非指是非不明、正邪不分的愚蠢和蒙昧，其实说的是在无欲无求状态下所呈现出的的淳朴与自然，『弃智』也并非真正的抛弃智慧，而是去除一切做作与浮夸。

经典事例

唐太宗不欺人

唐太宗执政时期，曾有人上书给他，请求清除朝中善于谄媚的小人。

唐太宗就问：『可谁是善于谄媚的臣子呢？』上书的人献策说：『我住在乡野，远离朝廷，所以不清楚谁是这样的人。但您可以考验他们，在与大臣谈话时，您假装生气来试探他们，那些坚持主见而不屈服于您的权威的人，就是正直的大臣；而那些一看到您生气，就惧怕您的威严，从而依顺您的旨意的，就是善于谄媚的大臣。』太宗听完，说：『国君就好比水源，大臣好比水流。要是水源本身就浑浊，而要水流清澈，那是根本不可能的。国君自己都作假，怎么能要求他手下的大臣们正直呢？我相信，用至诚之心足以治理天下，所以我不愿意用这些诡诈的手段来对待臣下。您的办法虽然很好，可惜我不能采用。』

诚信主要就在于不假不欺，要做到内不欺己，外不欺人。在唐太宗看来，讲诚信的人，就应当言行一致，毫不文饰，光明磊落，心胸坦荡。而一旦用欺诈的手段待人，即使是出于善意的目的，也会使别人进行效仿，从而带来负面影响。『民之难治，以其智多』，正说明了这个道理。

献鸠放生

古时人们很注重『行善积德』。每当遇到灾荒年景，富裕的人家为了救助那些饥寒交迫的灾民，常常会捐米赈灾。而在太平年月，人们常将鱼、龟等放回到江河水池，将鸟放回山林，这叫做『放生』，以表明人们积善的美德。

春秋时期，晋国的大臣赵简子，就喜欢在过年的时候让百姓替他捉斑鸠鸟送到他的府上，供他放生。

大年初一这天一大早，都城邯郸的老百姓就纷纷拥进赵简子的府宅。他们都是向赵简子进献斑鸠，以便让赵简子放生的。赵简子十分高兴，对他们每个人都给予很优厚的赏赐。初一这天从早到晚，前来进献斑鸠的人络绎不绝。

赵简子手下的一位门客在一旁站了很久，问他为何要这样做。赵简子回答道：『我在大年初一放生斑鸠，表示我对天下生灵的爱护，表示我有仁慈之心！』门客说：『您对天下的生灵有如此仁慈之心，是很难得的。可是，不知您想过没有：如果全国的百姓都知道您要拿斑鸠去放生，从而争先恐后地对斑鸠你追我捕，那么被打死打伤的斑鸠一定很多啊！您如果真的想放生，想救斑鸠一命，不如下令禁止捕捉斑鸠。而现在，您鼓励百姓捕捉这么多的斑鸠送给您，您再放生，那么大人表面上对斑鸠的仁慈实际上还不能抵偿您对它们人为地造成的伤害啊！』

赵简子听了门客的这番话，背着手在府门里走来走去，仔细地思考了很长时间，然后点了点头说：『你说的很对。』于是他就停止了『放生』的举动，并下令不许捕捉斑鸠。

赵简子『献鸠放生』的做法只讲形式，而忽视了效果，可以说是沽名钓誉，假仁假义的行为，并不符合『大道』。这个小故事很有现实意义，今天也有很多人为表示自己的善良而买一些鸽子、鱼、龟之类的动物来放生，殊不知这样做只会给那些小生命带来灾难。这种放生其实是对乱捕野生动物者的鼓励，另一方面，随意的放生对生态平衡也造成了或多或少的破坏，从根本上来讲，这种行为割裂了人与自然和谐共生的关系。所谓放生就如同老子所批判的『仁、义、礼』，是『大道废』之后的产物。

第六十六章

题解 老子在第六十一章中，指出大国与小国之间应当谦卑处下。而本章则将这种『谦卑处下』引入到统治者的为政之道当中。历史上绝大部分统治者都用严刑厉法来管理百姓，而老子却提出作为一个王者应该谦卑下位，像海纳百川一样宽宏地接纳一切。世人习惯向往高处，居于下流为世人所不齿。而老子却甘做百川之下流，谦和地包容，不作任何争辩。由于不用任何方式与人争强，故而没有人可与之一争高下，这也正是『道』之精妙所在。

张良

张良，汉初三杰之一。刘邦西入武关后，在峣下用计破敌；鸿门宴帮刘邦脱离险境；为刘邦所重用。汉朝建立，封留侯。

老子观井

老子认为水性柔顺，明能照物，滋养万物而不与万物相争，有功于万物而又甘心屈尊于万物之下。有道德的人应效法水的柔性，温良谦让，广泛施恩却不奢望报答。

原文 **江海所以能为百谷王者①，以其善下之②，故能为百谷王。**〇河上公《老子章句》：江海以卑，故众流归之，若民归就王。以卑下，故能为百谷王也。〇唐玄宗《御注道德真经》：江海所以能令百川委输归往者，以其善能卑下之，故百川朝宗矣。**是以圣人欲上民③，必以言下之④。欲先民，必以身后之。**〇河上公《老子章句》：欲在民之上也。法江海处谦虚。欲在民之前也。先人而后己也。〇明太祖《御注道德真经》：若不处卑而处高，物极则反，高者低，低者高，理势之必然。**是以圣人处上而民不重⑤，处前而民不害⑥。**〇河上公《老子章句》：圣人在民上为主，不以尊贵虐下，故民戴而不为重。圣人在民前，不以光明蔽后，民亲之若父母，无有欲害之心也。〇王夫之《老子衍》：人不重，重仍在己也。凡上轻下重。处上而不以重授人，唯圣人为然。**是以天下乐推而不厌⑦。以其不争，故天下莫能与之争。**〇陈致虚《道德经转语偈》：圣人处下复何争，江海纳污仍太清。点着当前正法眼，抬头暗室月分明。〇明太祖《御注道德真经》：若失此道而他为，将有咎焉，人或争之不解。

注释 ①江海之所以能为百谷王者：江海之所以能成为天下河流汇注之地。为，是、成为。百谷，指百川，即众多的河流。王，指河流所归往的地方。者，……的原因。②以：因为。善下之：善于自居低下的地位。③欲上民：意为想要统治人民。上，指地位处在……上面，即统治之意。④以言下之：意即在言行上对人民表示谦下。以，用。言，言词、言语。下之，把自己摆在人民的下边。⑤重：压迫，负担。⑥害：妨害，灾害。⑦乐推而不厌：天下人推崇爱戴他且永不厌弃。推，推崇、爱戴。

譯文 江海之所以能成为天下河流汇注之地，就是因为它善于自居低下之位，所以能成为百川的主宰。因此，圣人想要得到民众的拥戴，必先在言行上对民众表示谦下。要引导民众，必先把自己的利益放在他们的后面。因此虽然圣人地位居于民众之上，但民众却从未感到沉重的负担，虽然走在民众的前面，但民众却从未将其视为灾祸。因此才会得到普天之下永不厌弃的拥戴。因为他不与人相争，故而普天之下没有谁能和他相争。

讀解心得 本章探讨的仍然是老子『无为而治』的政治思想。『不尚贤，使民不争』是『无为』思想中的重要内容。老子认为，春秋时期礼崩乐坏、社会道德沦丧，完全源于人的争权夺利之心，如果所有人都能够遵循大『道』的精神，做到无知、无欲、无求，那么世间将不复有争斗。统治者如果做到无知、无欲、无求，那么『万物将自宾』、『万民将自化』。这一点与孔子的『克己复礼』比较相似。不过，儒家所提倡的『礼』恰恰是老子所不屑的，被他认为是争斗的根源之一。其实，孔子与老子一样反对争斗，这种『和为贵』的观念根植于中华民族的灵魂深处，因此人们常说：『忍一时风平浪静，让三分海阔天空。』

面对廉颇的挑衅，蔺相如始终如一，这正如『道』始终效法自然，甘愿『为天下式』、『为天下溪』、『为天下谷』。不『处下』，何以居上？因此，江海成为百川之王就得益于其虚怀若谷的平常心。

老子说：『天之道，损有余而补不足。』无名朴素的大『道』始终默默无闻，却又无时不在关注这世间百态和天地万物。『道』常常居于低调的位置，所以四方宾服，百川归流。其实，在现实生活中竞争是无处不在的，然而如何才能在竞争中永远立于不败之地，才是一个彰显大智慧的命题。这是一个竞争激烈且提倡竞争的时代，人们无时无刻都在经历与他人在形貌美丑、财产贫富、知识博寡、地位高低等方面的比较，这都是竞争。在各色竞争中，有胜利者也有失败者，有得而复失者也有失而复得者。

老子并不反对竞争，就像他不反对战争一样，他不在意一时一地的成败，『道』的深邃在于如何处理眼前成与败的关系，这就好像一门艺术，非有大智大慧而不能把握。『不争』一词在《道德经》中出现九次，出现频率仅次于『无为』，可见老子对于『不争』这门艺术的重视非同小可。『天下莫能与之争』这句话在全书中也出现了两次，前有『夫惟不争，故天下莫能与之争』，这里是『以其不争，故天下莫能与之争』。前者从自我修养的角度出发，阐述以『道』做为处世指导，从而完善自身修为，以致无人能及。后者是从他人角度立论，同样强调『道』在社会生活中的巨大作用。

老子始终认为争强好胜者不能长久。战国时，以力大闻名于诸侯的秦武王就是在举千钧巨鼎时不小心砸断了腿，失血过多而死，这就是老子所说的『自矜者不长』。整部《道德经》都十分重视『不争』，因为它是『清静无为』的重要环节，是老子所认为的维护社会秩序的关键，与孔子提出『复礼』用意相同。

经典事例

黄石公授书张良

汉朝的开国功臣张良，原本是韩国人，出身于贵族世家。到了张良生活的年代，韩国已经衰落，后来被秦国灭掉。面对国破家亡，张良把所有仇恨都集中在反秦的事业上，他散尽家财，寻访刺客。后来他找到了一位力士，制造了一个铁椎。有一次，秦始皇率大队人马外出巡游。张良趁机在博浪沙与力士椎击秦始皇，结果没有成功，张良不得不逃跑。

张良刺杀秦王未遂，被全国通缉，只得隐姓埋名，逃亡到下邳（今江苏睢宁北），躲避风声。一天，张良在沂水圯桥头闲逛，看见一位穿着道家服装的老者。那老者看见张良走来，故意把自己脚上的鞋子掉到桥下，然后傲慢地对张良说：『小伙子，下桥去把我的鞋子拿上来！』张良本是大家子弟，听了这话很是惊愕，但见老者年事已高，便忍住怒火，走下桥去为老翁取鞋。张良拿着鞋来到桥上，老者又伸出脚来让张良为他穿上，张良再次强压怒火，为老者穿上了鞋。那位老者也没有道谢，站起来一笑而去，张良心里万分惊讶，呆呆地望着老者的背影。

老者走了一里多地，又转过身，回到桥上，对张良说：『孺子可教！五天后一早在桥上等我。』张良觉得奇怪，认为这位老者一定是个高人，于是跪下连声答应。五天之后一大早，张良就来到桥上，没想到老者已经在此等候他了。老者大怒，对张良说：『你与老人约定，为什么迟到？回去吧，五天以后早些来！』这样又过了五天，到了约定的日子，鸡一打鸣，张良就来到桥上，可老者又先在桥上等他。老者这次怒容满面地斥责张良：『你为什么又迟到？五天以后一定要早来！』五天后，张良半夜就来到桥上，过了一会儿，他看见那位老者走过来了。这次，老者高兴地说：『应该如此！』然后拿出一部书，对张良说：『你熟读这部书，就可以辅佐帝王，十年之后定会成功。十三年后你再来见我，我就是谷城山下的黄石。』说完，老者就转身离去了。后人不知那位老者的姓名，就以其自称『谷城山下黄石』，而称之为黄石公。天亮以后，张良拿出书一看，原来是《太公兵法》。从此，张良日夜研读此书，俯察天下大事，后来成为一个深明韬略、文武兼备的『智囊』。秦二世元年七月，陈胜、吴广在大泽乡起义，举兵反秦。此后，各地起义武装风起云涌。张良也聚集了一百多人，举起了反秦大旗。后来因自感势单力孤，难以立足，于是率众准备投靠景驹（自立为楚假王的农民军领袖），途中正好遇到刘邦率领义军在下邳一带活动。两人一见倾心，张良屡次以《太公兵法》进说刘邦，刘邦多能领会其义，并经常采纳张良的建议。于是，张良改变了投靠景驹的打算，决定跟随刘邦。

作为有志之士，精通韬略固然重要，但施展才能的前提是要有知人善任的明主。这次张良遇到的刘邦正是善于用人的领袖。从此，张良得到刘邦的重用和信赖，他的才智得以充分地发挥。后来，他终于辅佐刘邦成就了帝业，建立起大汉王朝。

黄石公屡次刁难张良，张良依然恭恭敬敬、唯命是听；刘邦知人善任，重用了张良。可以说，在这两件事上，张良与刘邦都体现出『百谷王』『善下』的品质，这正是他们取得成功的关键所在。

田单解裘处

公元前279年，田单用『火牛阵』一举打败了燕国及诸国军队，收复了齐国失地。由于田单复国有功，新君齐襄王即位后，便封田单为齐国相国，并把安平城赐予他，所以田单也被称为安平君。这引起了那些贵族大夫们强烈的不满和嫉妒，他们认为田单原先只不过是一个名不见经传的小吏，如今竟然官居他们之上，心里非常不痛快，总想找机会把田单搬倒。

田单虽然当上了相国，自己有了封邑，但依然和从前一样，体恤百姓，访贫问苦，所以很受百姓的尊敬和拥护。

那时，由于连年战争的破坏，平民百姓的生活非常艰难。然而，那些齐国的贵族大夫们，为了自己的享受，不管百姓死活，仍然横征暴敛，修宅造府，肆意挥霍。田单为了百姓着想，向齐襄王说明利害，齐襄王立即下令限制贵族大夫们的行为。这下惹怒了那些贵族大夫，他们勾结起来，千方百计地诬陷田单。

田单为人坦荡，对这些人说的坏话并不理会。齐襄王原本对田单非常信任，但时间一久，坏话听得多了，渐渐地对田单产生了怀疑。

有一个严冬的傍晚，田单理完政事，乘车要回安平城，这时天上下着鹅毛大雪。田单的马车出了临淄城门，到了淄河岸边。他忽然看到前面不远处的雪地里，躺着一个人。田单连忙命车夫停下车子，下车走过去一看，原来是一个老者蜷缩在雪地上。田单俯下身子，伸手在老人身上摸了摸，他的四肢已经发凉，只有胸口还有一点余温，鼻中还有微微的气息。田单明白，老人已危在旦夕。他来不及多想，马上解开上衣，又把老人的外衣解开，抱起老人，胸对胸紧紧把老人搂在怀里。田单抱着老人上了马车，让车夫火速往安平城赶。

田单到家，老人身上已有些暖气，脸上也有一丝红晕。田单连忙令家人细心照料，老人终于得救。

田单雪地解衣救老人的事迹，很快传遍了整个齐国，人们都称赞他爱民如子，对他更加尊敬了。

这件事自然也传到了那些贵族大夫的耳中，他们先是骂田单收买人心，后来他们串通一气，到齐襄王面前进谗言。

有的说：『田单雪地救人其实是在收买人心。』有的说：『田单在安平城秘密扩充军队，正在加紧操练，看来图谋不轨。』

齐襄王开始不作声，心中半信半疑，但架不住那些贵族大夫们人多，他也就信以为真了，不由得怒火中烧，发誓一定要惩治田单。

那些贵族大夫见目的已经达到，心里暗自高兴，于是辞别齐襄王，各自回府等待消息。

贵族大夫们走后，齐襄王怕他们的谈话被别人听去，走漏风声，于是警惕地往周围一看，只见窗外站着一位宦官，神色有些诧异。齐襄王不放心，就把那个宦官叫到跟前，厉声问道：『你在这站了多久了？』

宦官坦率地说：『众大夫们来的时候我就站在这里了。』齐襄王又问：『这么说刚才我们谈话的内容你都听到了？』宦官答道：『是的，我全听到了。』齐襄王又问：『那么刚才他们说的田单图谋不轨的话你过去都知道吗？』宦官坦率地答道：『我全都听过。』

齐襄王大怒，认为宦官知情不报，要对他治罪。这时宦官说：『我请求大王允许我把话说完，就是把我处死，也心甘情愿。』

齐襄王见他言辞恳切，并没有恶意，怒气消了许多，就让他开口讲话。

宦官对齐襄王说：『相国现在虽然身居高位，但并不因为官大自居，时时刻刻替百姓着想。他看到战争过后，百姓的生活非常艰难，所以他就跟普通百姓一样，过着节俭的生活，时常出钱救济贫民。不久以前，他看见一个老人即将冻死在雪地里，他就解开衣服，用自己的体温把那个老人救活了。正因为他如此爱护百姓，所以百姓才对他交口称赞。』齐襄王听着，不由得点了点头。宦官接着说：『相国当初率军打败了诸国的军队，收复了齐国土地，我们虽然取得了胜利，但军队也受到了损伤。那些贵族大夫，只顾自己享乐，大肆搜刮民财，弄得民不聊生，完全不顾及国家危亡，一旦敌军再次进犯，后果不堪设想！有些城邑的百姓，因不堪忍受那些贵族大夫的盘剥，纷纷逃往安平城。相国不仅千方百计安排他们生活，还把他们中的青壮年编入军队，进行操练，防备外来的侵略。他这么做，完全是为国为民着想啊！倒是那些贵族大夫，因相国屡次限制他们对百姓的暴行，所以他们怀恨在心，想陷害相国。我的话说完了，大王处置我吧！』

齐襄王听了恍然大悟，连声感谢这名宦官，承认了自己的错误。

第二天上朝，那些贵族大夫们洋洋得意地等齐襄王下令处置田单，没想到齐襄王却以诬陷罪惩治了那些陷害田单的贵族大夫。齐襄王重重封赏了田单，并把全国的兵权都交给他掌管。

从此以后，田单的声名越传越远。后来，人们为了记住田单当年解衣救人的故事，把临淄城东淄河岸边称为『田单解裘处』。

田单的所作所为，很有『百谷王』的气概，他把百姓的利益看得最重，而自己从不居功自傲。即使有人诬陷他，但最后也只能自取其辱，这正所谓『以其不争，故天下莫能与之争』。

第六十七章

题解 本章中，老子将『道』的作用引入到政治和军事当中。他提出了三条处世的准则（三宝）：『慈』、『俭』、『不敢为天下先』。其中『慈』是处于第一位的，柔慈处世，『以战则胜，以守则固』，几乎无往而不胜。柔慈以宽容为上，因为能包容一切，就能奋不顾身，孔子也说：『仁者必有勇。』（《论语·宪问》）这是符合『道』的；老子的第二宝是『俭』，因为简约，所以约束了欲望的蔓延，所以万物效用的发挥才可以没有极限；第三宝是『不敢为天下先』，不慈、不俭所以世上争端并起，不遵循谦卑退让之法而争取领先，结果就只会被别人领先而导致自己的失败。总而言之，老子认为世上一切争端皆因违背了这三条原则，世人只有努力克服自己思想上的局限，谦和无争地对待一切，才会更加透彻地理解这个世界，自身才会拥有无穷的生命力。

原文 **天下皆谓我道大**①**，似不肖**②**。夫唯大，故似不肖。若肖，久矣其细也夫**③**！**〇王弼《道德真经注》：久矣其细，犹曰其细久矣。肖则失其所以为大矣，故曰，若肖久矣，其细也夫。〇王夫之《老子衍》：曰蚕『肖』蠋，不能谓蠋之即蚕也。曰蚕『肖』蚕，不能谓此蚕之即彼蚕也。求名不得，而举其『肖』，然且不可，况欲执我以求『肖』乎？**我有三宝，持而保之。一曰慈**④**，二曰俭**⑤**，三曰不敢为天下先。**〇河上公《老子章句》：老子言：我有三宝，抱持而保倚。爱百姓若赤子。赋敛若取之于己也。执谦退，不为倡始也。**慈故能勇**⑥**；**〇王弼《道德

项羽

项羽勇冠三军，气吞山河，然而却因失德落得自刎吴江的下场。怀仁慈之德，并以慈善体恤百姓，慈爱万物，以此行于天下，则战必胜，守必固。

宋襄公

宋襄公，姓子，名兹甫，宋桓公次子，春秋五霸之一。助齐国平定内乱，拥立齐孝公。周襄王十四年，宋与楚战于泓水，宋军大败，次年宋襄公因重伤而卒。

真经注》：夫慈，以陈则胜，以守则固，故能勇也。**俭故能广**⑦；○王弼《道德真经注》：节俭爱费，天下不匮，故能广也。○唐玄宗《御注道德真经》：节俭爱费，财用有余，故施益广。**不敢为天下先，故能成器长**⑧。○河上公《老子章句》：不为天下首先。成器长，谓得道人也。我能为得道人之长也。○王弼《道德真经注》：唯后外其身，为物所归，然后乃能立，成器为天下利，为物之长也。**今舍慈且勇**⑨，**舍俭且广，舍后且先，死矣！**○王弼《道德真经注》：且，犹取也。○王夫之《老子衍》：终日『慈』，而非以『肖』仁；终日『俭』，而非以『肖』礼；终日『后』，而非以『肖』智。**夫慈，以战则胜⑩，以守则固。**〇河上公《老子章句》：夫慈仁者，百姓亲附，并心一意，故以战则胜敌，以守卫则坚固。〇王弼《道德真经注》：相慜而不避于难，故胜也。**天将救之，以慈卫之。**〇王夫之《老子衍》：善无近名，名固不可得而近矣。无已，远其刑而居于无迹，犹贤于『肖』迹以失真乎！不然，『天将救之，以慈卫之』；苻坚不忍于慕容，而不救其死，非以其求『肖』也哉？

注釋 ①天下皆谓我道大：天下人都说我所说的『道』很大。②似不肖：此处意为难以具体掌握。肖，像、与：相似。③若肖，久矣其细也夫：如果可以掌握的话，它早就细碎不堪了。④慈：慈爱，宽容。⑤俭：节俭。⑥慈故能勇：保持柔慈，就能全力以赴。⑦广：宽广，广泛。⑧器长：万物的首领。器，指物。长，首长。⑨舍慈且勇：舍弃柔慈而妄逞勇武。且，取、求的意思。⑩以：用，指使用慈爱。

譯文 普天之下都说我所说的『道』非常广博，好像难以具体掌握。但正因为它的广博无边，所以才难以具体掌握。如果可以掌握的话，它早就琐碎不堪了！我有三条基本的行为准则，掌握了它就可以保证大『道』可以贯彻执行。第一是柔慈；第二是俭约；第三是不与世人争名夺利。保持柔慈，就会全力以赴；保持俭约，天下万物就都能广泛地为我所用；不与世人争名夺利，就能成为他们的首领。如果舍弃柔慈而妄逞勇武，舍弃俭约而大肆挥霍，舍弃谦让而争先，那就必死无疑！慈悯，用以征战就会获胜，用以坚守就会牢固。上天要救助谁，就会用慈来佑护谁。

讀解心得

『大道无名』、『大象无形』、『大音希声』、『大智若愚』，老子追求的智慧绝不只是些小聪明，也不仅限于解决具体事物。大『道』是包罗万象的，天地万物皆源于此，正因为这样，大『道』才『不肖』任何具体事物，也不屑于『肖』那些具体事物。所以，老子的智慧是一种超智慧，就像『道』一样，并不会轻易得到人们的认同，但却又使人们受用不尽。

老子认为『道』赋予了人类三种与生俱来的天性，即『慈』、『俭』和『不敢为天下先』，如果具备了『慈』就会变得『勇』，如果具备了『俭』就会变得『广』，做到『不敢为天下先』则会成为『器长』。莎士比亚把人类称为『宇宙的精华，万物的灵长』，老子在本章提出的『三宝』理论同样散发着人性的光辉，虽然老子认为人类成为『万物的灵长』是有前提条件的，但在两千五百年前的春秋时代，他提出这样的思想已属可贵，并为后来战国时代百家争鸣局面的出现开辟了道路。孟子认为人性本善，『人之性善如水之就下』，就是说人具有良知就像水具有向低处流的性质一样，是自然天性所致，人之不善才是后天造成的，所以学习就是找回失去的良知的自我完善过程。老子几乎没有直接探讨过人性善恶的问题，但是其『法自然』的主张已经表明了他遵从人的天性就是顺其自然的观点。在人性的问题上，儒家强调仁义道德是人的天性，而老子常说『天地不仁』、『圣人不仁』，所以道家似乎认为人性无所谓善恶，其实老子并非反对仁、义、礼，他反对的是披着文明外衣的虚伪的道德，反对的是『舍慈且勇』、『舍俭且广』和『舍后且先』。『慈』、『俭』和『不敢为天下先』是『道』的本性，当然也应该是人要具备的本性。本章老子提到的『三宝』中，『慈』处于最显著的位置，『慈』能够『以战则胜，以守则固』，是顺其自然的天性，所以『天将救之，以慈卫之』。为什么『天将救之』？因为大『道』是『善人之宝，不善人之所保。』因此，老子以『慈』为主的人性观，与儒家以『仁』为主的人性观还是有比较明显的区别的。

由此可见，『慈』、『俭』和『不敢为天下先』三者是密切联系和相辅相成的，『慈』是其中最基本的一个准则，是『道』的直接表现，其他两个原则均可由其推演出来。

經典事例

宋襄公争霸

一代霸主齐桓公死后，竖刁、易牙、开方三人废掉太子公子昭，而让公子无亏当了国君。

公子昭看到自己不但君位被夺去，而且还有被杀的危险，于是就逃到宋国去，请宋襄公帮助他。

宋襄公这个人视仁义超过自己的生命，当时宋国的实力并不强大，但是，宋襄公一直想成为霸主。公子昭前来投奔他，他认为这是个难得的机会，就收留了公子昭。

公元前642年，各国诸侯得到宋襄公的通知，要护送公子昭回到齐国复位，希望各国诸侯派兵相助，以壮大声势。大部分的诸侯看到是没什么实力的宋襄公出面号召，没有谁理会，只有曹、卫、邾等几个比宋国还弱小的国家派了一些人马。宋襄公率领四国的联军杀奔齐国，齐国的臣子对公子昭心怀同情，再加上不了解联军的实力，就把无亏杀了，在临淄迎接公子昭回国复位。公子昭回国之后当上了国君，就是齐孝公。

宋襄公认为自己对齐孝公复位起到了巨大作用，自认为这是件轰动天下的大事，已经到了树立威信称霸诸侯的时候了，他就想会盟诸侯，确定自己盟主的地位。宋襄公分别派使者出使楚国和齐国，想把会盟的事先和两国国君商量一下，以取得这两个大国的支持。最初，楚成王接到通知以后轻蔑地讥笑世上竟然有宋襄公这样不自量力的人。他的一位大臣说：『宋君好名无实，我们可以利用这个机会进军中原，争夺盟主之位。』楚成王觉得有道理，于是将计就计，答应参加会盟。

公元前639年春天，宋、齐、楚三国的国君在齐国的鹿地相聚。宋襄公一开始就以盟主自居，认为自己的霸位比楚、齐两国国君高，盟主非他莫属。他事先没有征求齐、楚两国的意见，自作主张地拟定了一份秋季在宋国会盟诸侯，共同扶持周天子王室的通告。楚成王和齐孝公对宋襄公的做法很是不满。但是碍于情面，最后还是签了字。

到了约定开会的日子，楚、陈、曹、许、蔡、郑等六国的国君都来了，只有齐、鲁两国国君没到。开会时，宋襄公首先发言：『各国诸侯都来了，我们今天会盟于此，是效仿当年齐桓公的做法，签订盟约，共同辅佐王室，以使天下太平，各位诸侯认为如何？』楚成王发问道：『您说得不错，但不知道盟主由谁来担任？』宋襄公说：『这好办，谁的爵位高就让谁做吧。』话音未落，楚成王就说：『我们楚国早就称王了，宋国虽然是公爵，但是跟王比起来还低一等。所以盟主自然应该由我来做。』说罢毫不谦让，一下子就坐到了盟主的位置上。

宋襄公见自己的如意算盘落空，不禁怒火中烧。他指着楚成王骂道：『我的公爵是天子亲自封的，天下没人不承认；而你那个王是自封的，你有什么资格做这个盟主？』楚成王说：『既然你说我这个王是假的，那你请我来干什么？』宋襄公说：『你们楚国本来是子爵，现在居然假王压真公！』

这时，只见楚成王身边的大臣脱去长袍，露出里面的铠甲，手中举起一面小红旗，只轻轻一挥，那些随着楚成王前来，打扮成侍者的人纷纷脱掉外衣，原来他们个个都是内穿铠甲手持兵刃的军士。他们冲到台上，吓得诸侯四散奔逃，楚成王命人把宋襄王拘押起来，然后率领五百乘大军浩浩荡荡地杀向宋国。多亏宋国的大臣早有防备，他们团结民众，坚守城池，使楚成王灭宋的阴谋没有得逞。于是楚成王就把宋襄公放到楚国的车上，把他带回楚国了。后来，过了好几个月，在齐国和鲁国国君的调解之下，楚成王觉得自己抓了宋襄公也没什么用场，这才把宋襄公放回国。

宋襄公被擒，就是因为没有守住老子所谓的『三宝』之一的『不敢为天下先』。宋国本来很小，可宋襄公却自不量力地想要争夺霸主的地位，后来失败被擒，实为势所必然。

第六十八章

题解 有人说《道德经》也可看作是一部兵书，因为其中蕴藏着对战争的深刻见解。本章中，老子明确地阐述了他的战争观。老子反对武力，在他看来，通过动用武力来取得胜利的并不是一个好的统帅，『善为士者，不武』。孙武说过：『不战而屈人之兵，善之善者也。』真正的胜利是兵不血刃，是和平地解决纷争，这已成为中国古代仁人志士的共识，更何况纷争本身就是不符合『道』的。《道德经》全书一以贯之的核心即为『道』，在老子心中，最高理想的统帅应该甘居人下，海纳百川，是能够以广博的心胸包容一切事物的圣人，而并非穷兵黩武的霸主。

原文 **善为士者，不武①；善战者，不怒；**○河上公《老子章句》：言贵道德，不好武力也。善以道战者，禁邪于胸心，绝祸于未萌，无所诛怒也。○王弼《道德真经注》：士，卒之帅也。武，尚先陵人也。后而不先，应而不唱，故不在怒。**善胜敌者，不与②；善用人者，为之下；**○河上公《老子章句》：善以道胜敌者，附近以仁，来远以德，不与敌争，而敌自服也。善用人自辅佐者，常为人执谦下也。○王弼《道德真经注》：不与争也。**是谓不争之德，是谓用人之力，是谓配天古之极③。**○王弼《道德真经注》：用人而不为之，下则力不为用也。○陈致虚《道德经转语偈》：善用人者为之下，善弯弓者为之射。万丈悬崖撒手时，方名了了弓弦卸。

注释 ①士：这里指的是领兵打仗的人，即将帅。不武：不逞勇武。②不与：不争

斗。③配天：符合自然的准则。古之极：古来最高的准则。极，准则、标准。

譯文 善于做将帅的人，绝不逞其勇武；善于作战的人，不会轻易被激怒。善于克敌制胜的人，不会和对手正面交锋；善于用人的人，对其所用之人会表示谦下。这是不与人争的『德』，这是善用他人的能力，这是完全符合自然准则的最高行为。

讀解心得 本章重新诠释了第二十二章、第二十七章的『不争』和『袭明』。老子说：『善闭，无关楗而不可开；善结，无绳约而不可解。』『清静无为』是为人处事乃至治理国家的重要方略，为士不武，战者不怒，礼贤下士都是『大道无为』在社会政治生活中的具体体现。曹操为了把效力于刘备麾下的徐庶拉拢到自己帐下，派人模仿徐母笔迹将其骗来，结果徐庶进了曹营却一言不发。项羽为了逼迫刘邦投降而把刘父抓起来以此要挟，最终还是败于刘邦之手。由此不难看出，曹操和项羽在处理这两件事情的时候都没有遵循『道』的原则，强人所难、咄咄逼人都不合乎『无为』的精神。

《孙子兵法》云：『主不可以怒而兴师，将不可以愠而致战。』又云：『将不胜其忿而蚁附之，杀士卒三分之一，而城不拔者，此攻之灾也。』君主和将帅如果带着怒气兴师动众，一来可能会错误地估计形势，二来是不爱惜士兵的生命，所以这对战局是极为不利的。这一军事思想与本章『善为士者，不武；善战者，不怒』一句的主旨很接近。另外，『善胜敌者，不与』的思想不主张与敌人发生正面的冲突，与《孙子兵法》中『不战而屈人之兵，善之善者』的思想有异曲同工之妙。

老子在很多章节都谈到了他对战争的看法，因此有些学者认为《道德经》是一部兵书。其实老子所生活的春秋时代战乱频繁，在阐述政治思想时回避战争问题则是不太现实的。老子深知战争是解决政治问题的重要方式之一，所以他并不反对战争，只是不支持罢了。老子反对的是主动挑起的战争、以杀人为乐的战争、以掠夺为目的的战争等非正义的战争，所以应该『胜而不美』，这才是『不争之德』。『不争之德』是老子『德』学说中的一个重要概念，也是由『道』演化来的。具有超越天地万物的能力而不倚势凌人，是『德』之最高境界，而这一切皆源于『道』。

經典事例

止戈为武

公元前597年的春天，楚庄王亲自率大军围攻郑国，打下了郑国都城。后来，晋军元帅荀林父率兵援救郑国，但是，晋军的将领对是和是战议论不决。后来由于晋军上下没能协调一致，被楚军抓住了机会。楚军攻下邲地而获得大胜。楚庄王的霸主地位也由此建立起来。

经过这一战，地处『蛮荒』的楚国战败了中原的强敌晋国，楚军将士们欣喜若狂。大夫潘党也万分高兴，他向楚庄王提议：『这一仗，我们楚军大获全胜，杀得晋军尸横遍野，威震中原各国诸侯。大王何不趁此机会，把晋军的尸体堆积起来，然后在尸体上筑起高台，用以宣扬楚国的武功，扬我国威？』楚庄王听完，笑着对他说：

『大夫所说的不太合适，这样做不妥啊！』说着，他拔出宝剑，在地上写了个『武』字，然后对潘党说：『你看，这个「武」字不就是「止」和「戈」两个字合起来的吗！周武王当年推翻了商王朝，建立起周王朝之后，曾经写过一篇《武》文和一首《颂》诗，昭示全国说：讨伐的目的只是为了实现天下太平。我如今动用武力，初衷就是为了惩罚强暴，平息战争，安抚百姓，我如果堆尸筑台，那就是炫耀强暴，不得人心啊！』

潘党听了楚庄王的话之后，连连称赞：『大王真是仁德之君，果然高明，为臣深表敬佩！』于是，楚庄王率领楚军到黄河边上祭祀了河神，然后就班师回国了。

『止戈为武』并非完全放弃战争的『和平主义』。楚庄王获胜之后并不一味地自恃勇武，而是将『武功』的最高境界看成是通过正义的战争平息战乱，求得和平，这正是

齐威王

齐威王善于纳谏用能，励精图治，数年间，国力渐强。其中邹忌讽齐王纳谏即是他广开言路，善于纳谏的事例。

『善为士者』的崇高品格，『止戈为武』的战略思想也一直被历代军事家和政治家成功地运用。

围魏救赵

战国前期，魏国在众多诸侯国中率先进行了政治军事改革，国家日渐强盛，并且先后吞并了一些实力较弱的诸侯国。当时与魏国实力相当的国家，只有东部的齐国、西部的秦国。而与魏国相邻的赵国、卫国则不足以与其抗衡。

后来，赵国在齐国的支持下，发兵攻打了魏国的属国卫国。魏惠王派手下的大将庞涓率领十万大军围攻赵国的都城邯郸。双方对峙了很久，赵国无奈之下只好向齐国求救。

当时，齐国的群臣对于是否出兵救赵看法不一。邹忌主张不出兵，认为这样会消耗齐国的国力；而段干纶则认为，如果魏国战败赵国，就会使魏国的实力更加强大，进而会形成对齐国的威胁，因此主张救赵。

齐威王考虑再三，最后采纳段干纶的建议，命田忌为大将、孙膑为军师，率领八万军队去救赵。

大军出发之后，田忌就准备直奔邯郸。而孙膑经过对形势的准确分析之后，认为魏军十分强大，如果与他们正面交锋会给齐军造成很大的损失。因此，孙膑建议应该避实就虚，利用魏国的精锐部队围攻邯郸，魏都大梁兵力空虚的机会，发兵攻打魏国国都，这样就可以迫使魏军回国解救大梁，赵国的危险自然就会解除。

田忌采纳了孙膑的建议，于是统率精锐部队改道直奔魏国国都大梁。庞涓得到这个消息，来不及休整，立刻率兵从前线撤回，长途跋涉营救国都。队伍到了桂陵的时候，又陷入孙膑设下的包围圈中。此时魏军兵困马乏，结果被齐军打得大败。

十多年以后，庞涓又率兵攻打韩国，韩国也向齐国求救。孙膑依然采用避实就虚的战术，围攻大梁。庞涓率兵追击齐军，最终在马陵道遭到齐军伏击，魏军惨败，主将庞涓也被乱箭射死。

孙膑创造的中国军事史上非常著名的『围魏救赵』战法，正是运用了『善胜敌者，不与』的智慧。避实就虚，以逸待劳，以最小的代价换取最大的成功，这正是老子思想在军事领域的具体体现。

第六十九章

题解 本章承接上一章，主要阐述了老子的战略思想。常言道：『春秋无义战。』老子生活在这样的社会环境之中，清醒地认识到：在无休止的争斗中，永远不会有赢家，斗争双方的势力从来都是两败俱伤，而整个人类社会也在这四伏的危机中愈发惴惴不安。

面对这种情况，老子提出了『吾不敢为主而为客，不敢进寸而退尺』的观点，从而达到『行无行，攘无臂，扔无敌，执无兵』的状态。倚靠一味的仇视和拼杀当然不会做到，只有具备水一样谦和卑下的品性才会领悟到这种境界。

老子由此提出了以退为进的斗争方式和处世哲学。不执著地面对纷争，故而视野不受局限，才可以随时根据局势调整策略。这一切都要以『慈』为前提，心怀慈悲、柔顺的处世者必然不会轻敌，只有如此才会化解纷争，取得胜利。这里老子再一次提起他的『宝』，而此处是专指『三宝』中的『慈』而言的。老子最后指出了『哀兵必胜』，意在告诫统治者：穷兵黩武，必会遭到失败。

原文 **用兵有言：『吾不敢为主而为客①，不敢进寸而退尺。』**〇王夫之《老子衍》：居道之宫，非『主』非『客』；乘道之机，亦『进』亦『退』。而『主』不知『客』，『客』能知『主』，繇其相知，因以测非『主』非『客』之用；『进』无『退』地，『退』有『进』地，因其余地，遂以袭亦『进』亦『退』之妙。『主客』之间有宫焉，『进退』之外有用焉。**是谓行无行②，攘无臂③，扔无敌④，执无兵⑤。**○王弼《道德真经注》：彼遂不止。行，谓行陈也，言以谦退哀慈，不敢为物先，用战犹行无行，攘无臂，执无兵，扔无敌也，言无有与之抗也。○王夫之《老子衍》：『无行』、『无臂』、『无敌』、『无兵』者，如斯也。**祸莫大于轻敌，轻敌几丧吾宝。**○王弼《道德真经注》：言吾哀慈谦退，非欲以取强，无敌于天下也。不得已而卒至于无敌，斯乃吾之所以为大祸也。宝，三宝也，故曰，几亡吾宝。**故抗兵相加⑥，哀者胜矣⑦。**○王弼《道德真经注》：抗，举也；加，当也。哀者，必相惜而不趣利避害，故必胜。○王夫之《老子衍》：远死地而致『微明』，不『胜』其何俟焉？欲猝得此机而不能，将如之何？无亦姑反其势而用其情乎！以『哀』行其『不得已』，所以敛吾怒而不丧吾『三宝』也。

注释

①为主：即采取攻势。主，战争时的主动进攻、采取攻势。为客：即采取守势。客，指战争时的被迫自卫。②行无行：摆阵势就像没有阵势那样。第一个『行』，动词，排行、摆阵势的意思。第二个『行』，名词，行列、阵势。③攘无臂：要挥举手臂就像没有手臂可举一样。攘，举起手臂。④扔无敌：指虽然面对着敌人，就像没有敌人可以攻击一样。扔，对抗的意思。⑤执无兵：虽然有兵器，就像没有兵器可拿一样。执，拿、持。兵，指兵器。⑥抗兵相加：两军相对，力量相当。抗，相对抗。兵，指军队。相加，相当。⑦哀：慈爱、慈悲。

译文 领兵打仗有这样一句话：『我不敢主动进犯，而愿意坚守，不敢前进一步，而宁愿后退一尺。』这就叫做虽然有阵势，却无须排列；虽然有臂膀，却无须奋举；虽然面临敌人，却无须厮杀；虽然有兵器，却无须执握。祸患中没什么比轻敌更严重了，一旦低估敌人就往往丧失了我的所谓『慈』。因此，当对战双方实力相当的时候，心怀悲悯的一方可以获得胜利。

读解心得 在本章中，老子再次阐述了他对战争的看法。其实老子谈战争并非旨在解决军事问题，他只是借战争来论证自己的『无为』和『不争』的哲学思想和政治思想。这些文字看上去好像是军事战略理论，其实蕴含着深奥的哲理，揭示了『柔弱胜刚强』的道理，并告诫人们不要拘泥于形式教条。

以退为进就是『不争』的一种体现。春秋时，晋国公子重耳因避国内之乱而流亡于各国十几年，楚成王曾盛情款待过他，所以他向楚王许诺，如果自己以后成为晋国国君，一旦晋楚两国交战，晋国将退避三舍以谢楚国恩德。后来重耳果然成为晋国国君，是为晋文公，而且晋楚两国之间真的爆发了战争。晋文公为兑现诺言，下令晋军后撤三舍之地，同时以此作为诱敌深入之计。结果楚军大败，晋文公既没有食言，又没有使本国利益受到损害，最后成为春秋时期中原的一代霸主。老子所说的『不争』并不是妥协退让，而是『知其雄，守其雌』，从而实现以柔克刚的目的，是通过『无为』来达到『无不为』。『不争』以『柔弱』为前提，以表面的『示弱』来麻痹对方，给对方造成错觉，从而率先出招，同时也过早地暴露出重心和弱点。于是，主动与被动在这一条件下就可以相互转化，局势将出现逆转。可见，老子所说的『为客』与『退尺』，其本质是为了掌握主动权，变被动为主动。

在论述『不争』的同时，老子还强调破除陈规，做事不拘泥于条条框框。孟子说：『尽信书不如无书。』读书是很重要的获取知识的途径，但过于墨守成规也将使书本知

赵将括母

秦攻赵，孝成王使括代廉颇为将。赵括的母亲认为自己的儿子没有将帅之才，却自大轻敌，便上书孝成王，劝他不要让赵括为将。

孙膑晚下云梦山

孙膑被齐国使者秘密接回，齐威王任他为军师，马陵之战，身居辎车，计杀庞涓，大败魏军。著作有《孙膑兵法》，久已失传。

识成为人们的思想负担。人人都懂得实践出真知的道理，但是有很多人被书本知识禁锢了思想，做事畏畏缩缩、裹足不前。『纸上谈兵』就是一个关于书呆子的著名典故。战国时期，赵国名将赵奢之子赵括经常与父亲谈论兵法，但从未亲临实战。赵奢死后，秦军进攻赵国，并以离间计促使赵王撤换掉主将廉颇，而起用赵括，结果导致赵军在长平之战中全军覆没。老子说：『行无行，攘无臂，扔无敌，执无兵。』这里说的是无招胜有招的道理，与孟子的『尽信书不如无书』如出一辙。

骄兵必败，哀兵必胜是人们普遍认同的说法。老子说：『抗兵相加，哀者胜矣。』如果因为不得已而被卷入战争，则可以成为『哀者』之兵，老子觉得在这样的情况下可以一战。俗话说『狭路相逢勇者胜』，人们对『勇』的理解各不相同，老子认为『慈故能勇』，『慈』与『哀』『同出而异名』，慈者因别无退路而被迫参战，于是成为哀者，进而成为勇者。老子反对以炫耀武力和掠夺土地财物为目的的战争，而肯定反侵略的正义战争，『哀者必胜』就是这个道理。

經典事例

纸上谈兵

人们常用『纸上谈兵』这个成语，来形容那些善于讲理论、说大话，却没有一点实际本领的人。这个成语就来源于赵括。

赵括的父亲赵奢是赵国著名的将领。赵奢一生领兵打仗，为赵国立下了赫赫战功。

赵括在他父亲的影响之下，也非常喜爱军事，自幼就读了很多兵书。父子俩在一起，经常谈论带兵打仗的策略。每当这时，赵括总是讲得滔滔不绝，天花乱坠。他还时常引经据典，说得有板有眼，因此，别人都佩服他的口才和谋略。赵括也因此沾沾自喜，常以『将门虎子』自居。

但是，赵奢却经常说赵括只是纸上谈兵，而不能真正带兵打仗。赵奢在临终前，留下遗言：千万不能让赵括领兵，如果赵王一定要让赵括当将军，那么产生的后果一概与赵家无关。

几年以后，赵国与秦国之间发生了一场战争。

公元前262年，秦昭王派秦将白起讨伐韩国。秦军占领了野王城，从而切断了上党郡与韩国国都的联系。韩国想割让上党郡向秦国求和，可是上党郡守冯亭不愿意降秦，于是请求赵国出兵取上党郡。

公元前260年，秦军夺取了上党郡，上党郡的百姓纷纷逃到了赵国。赵军驻扎在长平，以便安抚上党百姓。秦军多次向赵军进攻，赵王派老将廉颇率兵抵抗。经验丰富的廉颇根据当时敌强己弱，且初战失利的形势，下令坚守营垒。秦军多次前来挑战，赵国却始终不出兵。这令秦军一筹莫展。

这时，秦国丞相应侯范雎派人用重金向赵国的权臣行贿，使用离间计，在赵国散布流言说：『秦军最怕的，是赵奢之子赵括；而廉颇最容易对付，他不敢出兵，就快要投降了。』赵王本来就对廉颇坚壁固守不肯出战的做法有些不满，这时听信了流言，就让赵括代替廉颇为将，率兵击秦。

赵括被封为将军之后，洋洋得意，他向赵王夸口，说他击败秦军就如同秋风扫落叶一样。赵王听了非常高兴，赏赐了他许多钱财。赵括马上就把这些赏赐之物全部运回家中。

赵括的母亲知道以后，立即求见赵王，把赵奢临终时的遗言告诉了赵王。可赵王不以为然，坚持要让赵括当将军，但最后答应了赵母的请求：如果赵括战败，决不追究赵家的责任。

赵括带着一箱兵书来到前线，替下了老将廉颇。赵括上任以后，一改过去廉颇的部署，不仅更改了部队的制度，还大批撤换将领，使赵军的战斗力迅速下降。他还下达命令：如果秦军再来挑战，一定要主动出击，毫不手软。

秦军得知赵括当上了赵军的主将之后，暗地里把赵括最害怕的大将白起派到战场统率秦军，决定将赵军全部歼灭。

白起非常了解赵括的本领和性格，知道他鲁莽轻敌而又高傲自恃，于是决定采取先后退诱敌，然后再分割围歼的办法。他先观察好地形，将主力安排在纵深构筑的袋形阵地中。然后派出三千人马担任诱敌的任务，结果赵括果然上当，领兵出战。在赵军进攻的时候，秦军佯败后撤，赵括在不知虚实的情况下，贸然追击秦军，结果进入了秦军的包围圈。这时白起命令两翼伏兵迅速出击，将赵军截成三段。这样赵军首尾分离，粮道被切断。秦军又派数千轻骑兵不断骚扰赵军，使赵军死伤无数，疲惫不堪。赵括见战势危急，只好筑营坚守，等待救兵。可是秦军早已阻断了赵国的援兵和粮草，倾全国兵力围困赵括的部队。

赵兵断粮长达四十六天，士兵们饥饿不堪，有的甚至自相杀食。赵括没有办法，只好重新集结部队，强行突围，但一直没有成功，赵括在混战中，被秦军射杀。赵军主将阵亡，四十万士兵投降秦国。白起把投降的赵军全部坑杀，只留下二百四十个士卒回国报信。

历史上著名的长平之战就这样以赵军的惨败而告终。

老将廉颇能够守住长平，就因为他知己知彼，『不敢进寸而退尺』；而赵括的失败，就在于他骄傲轻敌，盲目冒进，这正好验证了『祸莫大于轻敌』的命题。老子用战争观来阐释他的哲学思想，反过来，又为后人指出了一条『无为』的战争之路。

孙膑减灶灭庞涓

庞涓自从『围魏救赵』而败于孙膑之后，日夜不安。后来，庞涓想出一条离间计：他派心腹之人潜入齐国，以重金贿赂齐国的相国邹忌，请求他除掉孙膑。邹忌因为齐王重用孙膑，惟恐有一天会被取代，于是暗中设下圈套，诬陷孙膑要帮助田忌夺取齐国王位。由于庞涓早已派人在齐国散布谣言，说田忌、孙膑密谋造反，齐王已经有些怀疑，一听邹忌进言，怒不可遏，果然削去田忌的兵权，并且罢免了孙膑的军师之职。

庞涓闻讯后大喜：『现在孙膑不在，我就可以横行天下了！』不久，就率兵攻打韩国，韩国自知无法取胜，便派人到齐国求救。

这时正好齐威王去世，齐宣王即位。宣王知道田忌、孙膑是被冤枉的，于是又恢复了他们的职位。宣王听说韩国来求救，连忙召集群臣在朝堂议事，讨论救还是不救。

相国邹忌主张不救，他认为：让这两个邻国自相残杀，对齐国有利；而田忌等人则主张去救，因为一旦韩国被魏国吞并，魏国力就会大增，势必要进攻齐国，那时齐国就危险了。

群臣争论不休的时候，只有孙膑笑而不语。

宣王问他的看法。孙膑答：『这两种意见都不算高明。依我看，应该「救而不救，不救而救」。』

众人都不解其义。

孙膑解释道：『如果不救，则魏国一定会灭韩，必然危及我国；如果援救，则魏军必先与我开战，这就等于我们代替韩国打仗，韩国安然无恙；而我国无论胜负，都要大伤元气。所以说，这两种意见都不太好。我认为，大王应采取这种方法：先答应救韩，以稳定其心，韩国必然会坚持与魏国死战。等到两国都疲惫不堪之时，我们再出兵攻魏。这样，我们不用费力就可以打败筋疲力尽的魏军；同时也解救了快要失败的韩国，他们必定感激。我们事半功倍，不更好吗？』

宣王听罢，十分佩服孙膑的智谋，便命田忌、孙膑率兵，伺机救韩。

韩、魏两国打了一段时间以后，齐军该出兵了。可这时，孙膑又谋划不直接救韩，而去袭击魏国首都大梁。

庞涓闻讯，怒火中烧，大骂孙膑狡诈，于是气冲冲地率兵转而迎战齐军。孙膑得知庞涓领兵来战，就劝田忌不要去迎敌。

田忌不解地问道：『以逸待劳，不是上次的战法吗？』

孙膑答道：『这次不一样，庞涓心怀愤怒，如果正面交锋，我军即使取胜，损失也很大。我们不如以退为进，诱敌深入。』孙膑小声地说出了自己的计策。

庞涓率兵赶回魏国时，齐军已经撤离。可庞涓这次决心与孙膑拼个你死我活，于是下令追击。他事先派人到齐军留下来的营垒中数灶迹的数量，结果竟有十万之多。庞涓吃了一惊：『齐军人数众多，我们千万不能轻敌！』追了一天之后，他再派人数齐军留下的下灶迹，只剩五万了。庞涓大喜：『原来齐兵如此厌战，听到我魏军的声威，更是闻风丧胆，逃亡过半了！』于是下令紧追。到了第三天，齐军只剩下三万了。庞涓大喜过望，以为齐军三天之内逃亡过半，此战魏军必胜，于是下令：『加紧追赶，务必活捉孙膑！』他自己更是披甲执戈，亲自率领两万精锐骑兵，日夜兼程追赶齐军。

再说孙膑，他计算了魏军的行程、地点之后，在马陵道设下伏兵。马陵道是夹在两座山之间的峡谷，进易出难。孙膑命人把道中间一棵大树上的一大片树皮刮下，在上面写下八个大字：『庞涓死于此树之下』，然后在附近安排了五千名弓弩手，并下了命令：『只要看到树下有火光，就一齐放箭！』

庞涓领兵赶到马陵道时，已经黄昏时分。这时有士兵报告：『前面的谷口有乱石断树堵住道路！』庞涓听了十分得意：『看来是齐军怕被追上，才设置障碍。他们不会走多远，快搬开障碍，加紧追赶！』说罢，一马当先，率兵冲进峡谷。

部队正在前进，忽然被道路中央的一棵大树挡住了去路，前面的士兵隐约见到树上有字迹。可天已经黑下来了，庞涓便命人点亮火把，自己亲自上前辨认树上的字。等到看清，立刻大惊失色：『不好，我中计了！』话音未落，只听一声锣响，万箭齐发，魏军顿时阵容大乱，自相踩踏，死伤无数。庞涓身中数箭，自知在劫难逃，便拔剑自刎。齐军乘胜追击，正好遇上太子申率后军赶到。齐军一阵冲杀，生擒了太子申，大获全胜。

这就是历史上有名的『马陵之战』，孙膑的战法被称为『减灶之计』。孙膑以减灶的方法来麻痹魏军，诱使庞涓犯下轻敌的大忌，从而兵败将亡，这正是对老子军事思想最好的诠释。

第七十章

《道德经》一书寥寥五千言，无论是语言还是内容都显得既质朴又深奥，因为越是简单的道理，往往就越难阐述清楚。

历代学者不断对其加以阐释，然而却又莫衷一是。

有人认为老子所谓的『道』是将天道的自然法则化为处世之道，从而建立了自然界和人世都应当遵循的法则。然而即使一切法则均已完备，那又究竟有什么意义呢？老子已经感觉到，他的理论并没有真正得到天下人的重视和认可。老子认为，正是由于人们的无知，因此世人才不了解『我』。老子所倡导的，是『虚静』、『柔和』、『慈俭』、『不争』等处世、为政思想。这些思想都是来源于自然，符合大『道』的。这本来是最容易被人理解、最容易在社会上实行的，但是，由于人们的心智完全被现实生活中的各种名利、地位、权势、财货等所诱惑，原本纯洁质朴的本性逐渐被湮没，因而对老子提出的这些最为根本、最为浅显的道理反而难以理解，于是老子发出了『知我者希，则我者贵』的感叹。

即使是老子，也只能用有限的文字去模糊地描述无限的『道』，可见老子也存在其自身的局限性。人生有涯，而思想却无涯，老子的心灵视野非常广阔，他也正是依靠自已心灵的领悟看到了自身之外的辽阔。

原文 **吾言甚易知，甚易行。天下莫能知，莫能行。**○河上公《老子章句》：老

老子

老子七十多岁时，无法面对动荡不安的时事，遂西出流沙。在函谷关，尹喜请求老子把平生所悟著成书册，老子遂洋洋洒洒五千言，几天写出。尔后独自一人，骑着青牛，消逝于茫茫原野。

廉洁济民

晏子，名婴，字平仲，春秋齐国名相。辅佐齐国三公，一直勤恳廉洁从政，清白公正做人，主张『廉者，政之本也，德之主也』。

子言：吾所言省而易知，约而易行。人恶柔弱，好刚强也。〇王弼《道德真经注》：可不出户窥牖而知，故曰，甚易知也。无为而成，故曰甚易行也。惑于躁欲，故曰，莫之能知也。迷于荣利，故曰，莫之能行也。**言有宗①，事有君②。**〇河上公《老子章句》：我所言有宗祖根本，事有君臣上下，世人不知者，非我之无德，心与我之反也。〇王弼《道德真经注》：宗，万物之宗也。君，万物之主也。**夫唯无知，是以**

不我知。〇王弼《道德真经注》：以其言有宗，事有君之故，故有知之人不得不知之也。〇王夫之《老子衍》：物之自然，非我言之，非我事之，我亦繇焉而不知。**知我者希，则我者贵**③。〇河上公《老子章句》：希，少也。唯达道者乃能知我，故为贵也。〇王弼《道德真经注》：唯深故知者希也，知我益希，我亦无匹，故曰，知我者希，则我者贵也。**是以圣人被褐怀玉**④。〇王弼《道德真经注》：被褐者，同其尘，怀玉者，宝其真也。圣人之所以难知，以其同尘而不殊，怀玉而不渝，故难知而为贵也。〇明太祖《御注道德真经》：戏云圣人，被布袍，怀抱美玉，以其外贱内贵也。

注釋 ①言有宗：言论有主旨。②君：主，意即根本、根据。③则我者贵：遵循我的道理的人就更为难得。则，法则，这里作动词用，意即取法、以……为准则。贵，难得、可贵。④被：同『披』，穿在身上。褐：粗布衣服，穷人所穿。怀：动词，怀揣的意思。玉：美玉，这里指精神上的宝物。

譯文 我说的道理很容易明白，也很容易施行。但是天下没人能明白，也没人能施行。说话有主旨，做事有根据。正是因为世人不明白这个道理，所以才不理解我。理解我的太少，而能遵循我的道理的人就更为难得。因此得道的『圣人』就像外面穿着粗布衣服，怀里却揣着稀世美玉的人一样。

讀解心得 老子已经将自我完全融入『道』的世界中，因为『道法自然』，而人们却失于自然，同时大『道』又是寂寥幽暗、无形无声的，所以很少有人能够真正看穿

『道』的本质。这样看来，老子是孤独的，得不到众人的赞同与追捧，因此他说『知我者希，则我者贵』。可是他从未因此而抱怨，有大『道』相伴，老子不会感到痛苦。

老子所说的『知人者』和『胜人者』的智慧和力量看似强大，实则微不足道，淡而无味的大『道』，看似无能，却无所不能。因此老子并未因孤独而感到痛苦，大『道』不为人所认同完全是因为它过于深奥和玄妙，因此为闻道而大笑之的精神暗昧者而痛苦是不值得的。

老子『知我者希，则我者贵』的感叹并非孤芳自赏式的无病呻吟。老子为人谦和睿智，学识广博，因此他不太可能自怨自艾。老子的本意在于启迪后人永远保持虚怀若谷的心态。孔子说：『人不知而不愠，不亦君子乎？』《易经》上说：『遁世无闷，独立无惧。』这也是老子内心世界的真实写照。『道』永远保持着『无名』的质朴状态，孕育滋养着万物，却从不谋求主宰万物。老子正是怀着这样的心态看待世人冷漠的态度。老子是人而不是神，更不是圣人，将老子神圣化才是对他的误解。

在这一章中，老子与『道』合为一体，这是顺其自然或天人合一的完美体现。老子认为，他的话是极易理解的，也极易付诸实践。然而，为什么没有多少人理解他的话，也没有多少人按他说的做呢？有些学者认为，老子代表保守的没落贵族阶级，也就是说他的怀才不遇是因为其思想过时了，被历史抛弃了。实际上并非如此，老子的思想的确有其保守的一面，可并不能说他被历史抛弃了。先秦时期，叔向、墨子、魏武侯、颜触，都曾称引过他的话，庄子更是继承了他开创的道家思想，《庄子·天下》则颂扬他为『古之博大真人』，法家的韩非曾系统地对《道德经》进行研究，著有《解老》、《喻老》等文章。西汉初年，黄老之学一度居于统治地位，东汉时期，老子甚至被神化为道教的始祖。

无论老子的思想过时与否，都不可否认他在我国哲学史上独一无二的地位。老子与『道』合一并非为了神化自己，因为『道法自然』，所以其用意自明——保持一颗平常心。老子鄙弃那些整日里以玩弄权术和投机取巧来标榜自己智慧的所谓圣王，他也否定掺入了太多虚伪成分的『智』，认为真正的智者是『大智若愚』，这样的圣人『独异于人』，拥有完美的道德和智慧，但是深藏不露，所以不易被只慕虚荣的庸俗之人所理解。『道』的『无知』不同于凡夫俗子的『无知』，『道』无欲无求，而凡夫俗子则自以为智慧，因而无法领悟大『道』的真谛。最后老子发出感叹：是以圣人被褐而怀玉。

經典事例

和氏璧

相传在春秋时期，楚国有一个琢玉能手名叫卞和。一次，他在荆山找到了一块璞玉。

按照当时人们的价值观，只有把玉献给国君，才能证明自己的能力和忠诚。于是，他把玉献给了厉王。厉王找来玉匠鉴别，玉匠认为那是块普通的石头。厉王大怒，认为卞和犯了欺君之罪，于是砍掉了他的左脚，并将他赶出国都。后来，厉王去世武王即位，卞和为了表明自己的清白，又将玉献给了武王。武王也找来玉匠鉴别，结果，这块玉又被认为是石头，卞和又被判为欺君之罪而失去了右脚。又过了几年，武王死了，文王即位。卞和本想再次到国都申诉，可是他年老体弱，双脚已失，行动不便。他悲痛万分，抱着璞玉在荆山脚下终日痛哭，后来眼泪哭干，眼中滴出了血。

文王后来听说了这件事，就派人去问他：『天下被砍掉脚的人那么多，可唯独你这么悲伤，究竟为什么呢？』卞和说：『我并不是为失去双脚而伤心。这明明是块稀世美玉，却偏偏被认为是石头；我明明是个忠贞之士，却被判为欺君之罪。我是为这黑白颠倒的世道而哭泣啊！』文王听到这话，心里受到了震撼。他立即找来玉匠，命他剖开表层的石头，打开一看，里面果然是晶莹剔透的美玉。后来，为了纪念卞和，他所献的那块玉就被人们称为『和氏璧』。

老子说『吾言甚易知，甚易行』，但是，在『大道』已废的年代，世人的感官被各种杂念所干扰，因而『天下莫能知，莫能行』。卞和献玉而被砍掉双足，正说明了『大道』难行的悲哀。